Chinese Rank Badges: Symbols of Power, Wealth, and Intellect in the
Ming and Qing Dynasties
This edition is an authorized translation from the title copyrighted to
David Hugus, 2021 with an ISBN 978-962-79564-5-7

CHINESE RANK BADGES

补 子

明清时期的品级标识

［美］大卫·哈古斯 (David Hugus) / 著

王敬雅　仇泰格 / 译

社会科学文献出版社
SOCIAL SCIENCES ACADEMIC PRESS (CHINA)

致谢

在中国纺织品收藏圈，贺祈思（Chris Hall）以两个特点闻名。第一，他拥有一批引人注目的中国纺织品藏品。这是他 20世纪 70 年代末开始收藏逐渐积累起来的。第二，他非常慷慨地与全世界分享他的收藏。他的藏品曾数次在博物馆展出，并成为许多书和文章的主题。从本书的图片说明中，可以看到贺祈思对本书的慷慨相助，特别是在有关明代及清前期皇帝的几章中。承蒙贺祈思的贡献，本书的内容得到了实质性的提高。如果不是他，本书就不会像现在这样完整。

在我和夫人前往新加坡参观贺祈思的部分藏品时，亚洲文明博物馆（Asian Civilizations Museum）中国部部长简淑怡女士及其他工作人员给予了盛情接待。她和她的员工以快速且专业的态度满足了我们的每一个要求。对于我们的其他需求，简女士和她的员工也及时、完整地做了回应。本书的图像收集工作承蒙她的协助。

乔恩·埃里克·里斯（Jon Eric Riis）帮助我走上了成为一名中国补子收藏家的道路。在圣莫尼卡（Santa Monica）为期四天的首届亚洲艺术展期间，他在展位上出售的大量补子让我着迷。几十年来，他和理查德·马丰（Richard Mafong）是我的亲密朋友，并在中国织绣品的问题上为我提供可靠的参考。乔恩也是位国际公认的一流织工，他的作品被十余家博物馆收藏。如果你没有访问过他的网站或看过他的展览，你会错过一些特别的东西。[1]

臧诺（Jimmy Zang）先生和我一样，也是中国补子的收藏者。2016 年，他开创性地出版了第一本关于中国补子的中文书。通过他的努力，本书收入了一些现存但不太知名的补子。同样拜他所赐，我们有了第一块完整的民国补子。他是北京人，在我们为数不多的谈话中，为我提供了关于中国文化和历史的宝贵见解。

维罗妮卡·富齐·兰德尔（Veronica Fuzzy Randall）是《云梯：中国阶级中的神秘与传统》（*Ladder to the Clouds: Intrigue and Tradition in Chinese Rank*）的编辑。她的编辑工作是个人热情和专业务实的独特结合。富齐不仅制作了一本优秀的书，也在南希和我心中赢得了一个特殊的位置。她最先看到本书的初稿，并就材料的呈现方式提出了一些有益的建议。这让我跳出了自己的思维局限，也使这本书更容易被理解。富齐是一位非常特别的朋友，可惜因癌症过早地离开了我们。我将永远感激富齐，感谢她为《云梯：中国阶级中的神秘与传统》所做的工作，感谢她对本书的建议，感谢她给我的生活带来了意想不到的欢乐和喜悦。

余大卫博士（Dr. David S. Yee）2001 年初参加旧金山亚太艺术展时带了一件新购入的中国龙袍，并表现了对亚洲艺术的强烈兴趣。我们后来在东西海岸的艺术展上相遇时，他表现出极大的好奇心，并醉心于研究补子和其他纺织品。在纽约斯隆·凯特琳纪念癌症中心 (Memorial Sloan Kettering Cancer Center) 的癌症外科任研究员期间，他竭力探寻大都会艺术博物馆 (Metropolitan Museum of Art) 收藏的中国纺织品，每周都给我发他查阅补子

---

1 https://jonericriis-studio.com.

的照片。近二十年来，大卫一直凭借他出色的鉴赏力提出一些有说服力的问题，从而让我保持思考。

出版一本书还会遇到一些管理方面的问题。佳士得的专家潘薇琦（Vicki Paloympis）和安德鲁·吕贝克（Andrew Lueck）看了我的收藏，对这个主题充满热情，并表现出非凡的专业素养。由于潘薇琦在纽约工作，而安德鲁在旧金山工作，所以安德鲁就成了我与佳士得之间的主要联系人。得益于他的鼎力相助，本书事务性的问题得以圆满解决。疫情期间，他甚至努力在北京拍摄了一张照片。他的有益建议和热情协助使本书得以成书。如果没有他的帮助，本书就会陷入困境。

安·卢克（Ann Lucke）是本书的编辑。当时她面临一个艰巨的挑战：因距离较远，我们不能面对面讨论关心的问题。为此，她做了非常细致的工作，检查了中文名字的拼音和皇帝的在位时间，帮我避免了错误。因此，本书的任何遗漏或授权问题都由本人负责。

迈克尔·罗斯（Michael Ross）教授为我提供了许多期刊文章，这对我的研究很有帮助。他博士毕业于普林斯顿大学，之后成为加州大学洛杉矶分校的政治学教授。在大学图书馆里，他查找到了那些很难找到的出版物。他的帮助让我开始了这段研究历程，并一直坚持了多年。

特别感谢李宜芳（Yifawn Lee）和 OM 出版有限公司的团队，他们和我一样，为本书的出版付出了汗水。

序言

这是一部关于中国纺织品的著作。中国补子确实是纺织艺术的典范，这为观察和欣赏它们提供了可能。为了更深入、彻底地理解它们，我们需要了解这些补子代表了什么，如何才有资格使用这些补子，在它们看似普通的设计中隐藏着怎样的含义，以及它们被制作时所处的历史、社会和经济环境如何影响其设计。要明了补子的复杂性，需要对中国的文化、历史和中国历史上一些重要人物的性格有一个合理且透彻的了解。如何提供足够的背景知识，同时让读者在第一次接触补子的时候就愿意掌握大量史实，这是一个挑战。在我的一个好朋友和之前编辑的帮助下，我试图在本书的一系列附录中提供这些信息，然后在正文中引用这些附录[1]。读者可以决定如何使用附录，并确信它将有助于鉴赏这些纺织品。附录特别有助于了解中国科举制度的重要性、科举制度存在的原因、考试前的准备及考试过程本身。我相信，理解补子使用的严格要求，将增加读者对这些意味深长的象征符号的理解。

---

1 因附录是作者写给对中国不了解的英文读者的中国文化常识，中译本未译。——编者注

附录里的信息是对很多学术著作进行的压缩，它们都是其作者几十年本学科研究的成果，所以我的陈述不应被认为是详尽的或结论性的。由于篇幅有限，可提交的材料数量受到一定限制。对于那些对附录中所涵盖的中国历史或传统感兴趣的读者，我在每个附录的末尾都提供了一个建议阅读书单，这可能有助于进一步阐明这些主题。

我在附录中使用的大部分参考资料写于西方学者采用现代拼音系统之前。我试着将我引用的韦氏拼音翻译成现代拼音，但有一个例外。虽然"Tao"和"Taoist"在拼音中被音译为"Dao"和"Daoist"，但许多非中国人更熟悉这些词的韦氏版本，所以我仍沿用韦氏拼音。

还有一个问题需要注意。当一个人坐上皇帝的位置，他便立即拥有了这个位置的所有权力，然而他的年号要到下一个农历年才开始使用。这就是帝王统治时期没有年号重叠的原因。但并非所有的学者都注意到了这一过程，一些学者把登基的日期作为皇帝统治的开始，因此不同的参考文献在统治时期上可能存在一些小的差异。

类似的问题还有人们的年龄。在帝制时期的中国，一个孩子出生时即被视为一岁，每经过一个农历新年就增长一岁。因此，如果一个孩子刚好在中国农历新年之前出生，新年时，按照中国的算法他是两岁，而按照西方的算法他只有一个月大。而有些学者引用的是基于西方算法的年龄，有些用的则是中国算法的年龄。通常情况下，他们对此不做说明。因此，本书中除特别注明的情况外，年龄一般被认为是近似值。

中国的皇帝有三个指称：本名、年号、庙号。由于这本书主要描写的是在位期间的皇帝，因此最常用的是年号。此外，按照惯例，会在皇帝的年号后面加上"帝"这个字。因此，清朝的第二个皇帝会被称为"康熙帝"，而非"康熙"。此外，当提到皇帝的前任皇帝时，我有时也使用他的本名。庙号是皇帝去世才议定的。

如果试着为补子设计梳理一个演变过程，研究者要在当中进行大量的主观判断，因此很少有学者涉足这个问题。因为很多问题都取决于个人观点和有争议的结论，而在期刊上发表论文需要学术同行评审，所以到目前为止，这些可能妨碍了这一主题的学术发表。唯一写过大量关于补子文章的教授是宾夕法尼亚大学的斯凯勒教授（Schuyler V. R. Cammann）。他是一位学术上的通才，他的名声不仅仅建立在他主攻领域的研究上，这让他比大多数同行有更多的机会。在这方面，作为一个业余爱好者，我可以更大胆地提出补子设计的演变过程，因为我的生计和职业声誉都不依赖于我在这个问题上的绝对准确性。希望我的努力能为"补子设计的演变过程"这一学术讨论提供基础。

也许随着越来越多的人参与这个问题的讨论，我们最终可能会更接近描述一个真实发生的过程。让我备受鼓舞的是，2016 年第一本关于中国补子的中文论著出版，作者是臧诺。我相信，中国学者和业余爱好者的参与将会进一步推进这个话题的讨论。而只有更多学者和热心的业余爱好者参与进来，才能提高补子研究中资料的准确性。

本书将尝试提供迄今为止最广泛的关于中国补子的研究。本书内容包括识别补子上飞禽和走兽的等级线索——即使是没有颜色的；对嵌入补子设计的图像的基本理解，阐述它们在明清两代的演进；展示清朝第一套完整的礼仪性补子。最后，我们将介绍这两个朝代使用的各种龙纹、一套明代的吉庆补子、中国之外使用补子的实例和一些辨别赝品的小技巧。

目录

01 | 导论

　　根据明朝法令，官员通过穿有飞禽或走兽的纺织品来彰显自己的地位。这是中国古已有之的传统。有史以来，服装在中国就被视为一个需要规范的国家要素。每个人的身份都可以通过他的服饰被立即识别出来，因此在社交时就不会产生不必要的摩擦。因为每个人都可以确认对方的身份，所以在交往过程中所需要的礼节也是明确的。这种明确性可以使所有的社会交往免于不确定性和冒犯。因此，在古代中国，恰当的着装被视为社会稳定和友好的必要条件。

　　因为明朝初建时的动荡，1368 年出台的第一套衣冠制度应用时间非常短，而且是尝试性的，当中并没有提到补子。待社会比较稳定后，明朝又颁布了一套更全面的衣冠制度。很可能是在 1391 年——王朝建立二十三年后，这一更全面的制度规范了着装，标志着补服制度的开始。

　　儒家五经之一的《礼记》称服装是一种工具，让人们有办法"别贵贱、序尊卑"。类似的观点也出现在另一部儒家经典《易经》中，其认为"天尊地卑，乾坤定矣。卑高以陈，贵贱位矣"。《春秋》也印证了这一观点："礼，上下之纪，天地之经纬也，民之所以生也。"《孟子》同样认为着装是一个重要的方面："尧舜之道，孝弟而已矣。子服尧之服，诵尧之言，行尧之行，是尧而已矣。"

《礼记》是根据周朝的文献编写而成的，它首次指出了与一个人的地位相适应的着装规定，成为整个帝制中国时期所有朝代的模板。在汉朝，这些规定被用以降低商人的地位，此时商人被视为"邦之蠹虫"，因为他们只关心自己的利益而罔顾同胞的利益。贬抑商人的传统几乎和用服装来确立一个人的社会地位的传统一样长。

明朝统治者使用公开的标识来体现官员的级别，这一做法的缘由并无具体文献可考，因此我们只能猜测。学者注意到，元代就有方形装饰饰于常服胸背的先例，并称发展到后来使用方形装饰来表明官员的品级。然而人们不禁要问，明朝作为自辽以后第一个由汉人建立的大一统朝代，为何会沿袭一个少数民族王朝的文化传统？明朝在社会和政治等几乎所有方面都恢复了严格遵守汉人传统的做法。以元朝的先例来充实中国最古老传统的等级制度，将补子授予精通儒家经典的人，似乎与这个朝代回归汉人根源的做法有所不同。

虽然所有关于使用补子原因的看法归根到底都是猜测，但有一点我们可以确定，明朝的缔造者是农民出身，是中国第二位农民皇帝。尽管朱元璋年轻时在一所佛教寺庙接受过一些教育，并在求学生涯中表现出色，但成年后，他的残暴和偏执比他的足智多谋更为闻名。我们猜想，在他统治时期，之前地位的标识——帽子的大小和形状、腰带的材质和装饰——这些都太过微小，无法继续使用。纺织品上有大型飞禽和走兽的图像，这无疑是一种直接表明使用者等级的方式。

无论这个决定的原因是什么，明朝所创的补子传统不仅应用于整个明朝，也被后来的清朝沿用。因此，这个由明朝建立的补子传统一直持续到1911 年的辛亥革命。尽管补子的观念从 1391 年一直流行到帝制结束，但每一等级的飞禽和走兽并不是一成不变的。最初，明朝将九品官员都对应了一对飞禽或走兽，五品官员除外。此外，允许级别更高的官员服用任意补子，同时限制级别较低的官员只能使用级别较低的飞禽或走兽。但实际上，无论是哪个级别的官员通常都会服用级别更高的飞禽或走兽。为了纠正这种僭越，明朝1527年修订了法规，为九个品级各指定一种飞禽或走兽。有趣的是，明朝没有一项条例规定了应该出现在补子上的飞禽或走兽的数量。

明朝的补子被缝在中国传统风格的右衽红色官服前后，因此，明朝的补子不需要在袍子开襟处分开。不过，一些明朝的补子与袍子织为一体，这种是分裁的。因为此时织布机的尺寸只有袍子幅宽的一半，这就导致作为袍子一部分的补子也被分开织造。

满洲人从明朝手中夺取了中国的控制权，建立了清朝，他们带来了许多新的风俗习惯。满洲人实施了一系列政策来安抚那些不愿接受少数民族统治的汉人，而且他们确实改变了宫廷服装。与本研究最相关的是褂的风格。清朝的褂相对紧身，前襟分开，这反映了满洲游牧骑射的传统。因此，清代的补子通常很容易辨认，因为这些补子都从中间分开，装饰在朝褂的前面。图1-1所示的就是"补服"，此处的飞禽是最高级别的鹤。清朝的织布机并不像明朝的那么宽，清朝的补子与褂子一起织造，分别被织在衣服的前后，因此，如果我们看到正面的补子是分开的，那么必须认识到，一些背面的补子也是分开的。

图1-3所示的是另一件补服，上面也饰有一只标志着一品的鹤。然而，这件补子是在1898年戊戌变法期间制作的。

虽然清代的满洲人保留了补子的理念，但随着时间的推移，标识等级的方式确实发生了一些细微的变化。在清朝统治的头二十年里，朝廷的重心是镇压那些企图恢复明朝的人。因此，明代的服装规定一直延续，直到1652年才出现了清代第一套冠服制度。据该文献记载，用来标识文官品级的瑞禽有了一些细微的变化：黄鹂被降等，成为宫廷乐师的象征；鹌鹑从九品升为八品；练雀被重新引入系统，作为九品的象征。具体变化参见表1-1。

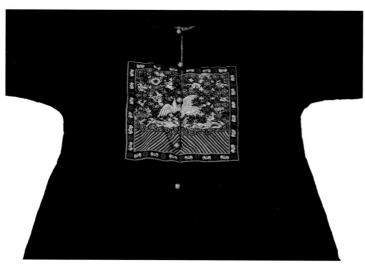

图 1-1　官员的补服

说明：前面的补子被分开，以适应服装的开口。

资料来源：余大卫提供。

图 1-3　戊戌变法时期一品文官的鹤补

资料来源：作者私藏（以下图片如为作者私藏，不再注明）。

图 1-2　同治时期一品文官的鹤补（丝绣）

资料来源：余大卫提供。

表 1-1　明清不同时期标识文官品级的飞禽

等级	明代前期（1391—1527）	明清之际（1527—1652）	清（1652—1911）
一品	鹤或锦鸡	鹤	鹤
二品	鹤或锦鸡	锦鸡	锦鸡
三品	孔雀或雁	孔雀	孔雀
四品	孔雀或雁	雁	雁
五品	白鹇	白鹇	白鹇
六品	鹭鸶或溪鶒	鹭鸶	鹭鸶
七品	鹭鸶或溪鶒	溪鶒	溪鶒
八品	黄鹂、鹌鹑或练雀	黄鹂	鹌鹑
九品	黄鹂、鹌鹑或练雀	鹌鹑	练雀

　　清初，武官品级的花样也发生了相应的变化。狮之前被作为一、二品的标识，但在 1662 年，一品的标识被传说中的神兽麒麟所取代。1664 年，豹和虎的位置互换，之后豹代表三品，虎代表四品。1759 年，在清朝唯一重大的服饰改革中，犀取代彪成了七品的标识，代表武官的七、八品。其实这里所谓的"犀"，更像是细长腿的牛。不同时期的变化参见表 1-2。

表 1-2　明清不同时期标识武官品级的走兽

等级	明代前期（1391—1527）	明清之际（1527—1652）	清（1652—1911）
一品	狮	狮	麒麟（1662 年后）
二品	狮	狮	狮
三品	虎豹	虎	豹（1664 年后）
四品	虎豹	豹	虎（1664 年后）
五品	熊罴	熊罴	熊罴
六品	彪	彪	彪
七品	彪	彪	犀（1759 年后）
八品	犀	犀	犀
九品	海马	海马	海马

"mandarin squares"（官员的方形）被认为是用来显示中国帝制时期文武官员品级的标志。这不是一个中国名词，而是西方人的惯常称呼，用以将此标志与形状和西方术语联系在一起。作为更加正式的术语，现在人们一般用"补子"来描述这类纺织品。在本书中，我将遵从习惯用法，使用"补子"一词。

即使人们接受这样的观念，即服装尤其是补子在帝制时期的中国很重要，但仍然有一个问题：为什么补子的信息在今天仍然有意义？在我看来，有几个原因可以解释为什么补子的研究是重要且有益的。这些纺织品是艺术品，有其内在价值和欣赏点。它们是为帝制时期中国最重要的官员制作的，因此是中国顶尖织工和绣工的作品。此外，这些补子有时会饰以金线、银线、小珍珠，甚至孔雀羽线。欣赏补子优美的构造，以及在制造过程中所使用材料的质地和美感，都足以让我们努力去理解，它们是什么，以及它们是如何被制造出来的。

但是补子不仅仅是漂亮的艺术品。它们象征着对有抱负的官员有重要意义的科举制度和学习的关注，以及对特别的忠诚和操守的强调。任何为获得服用补子权利而竞争的人，显然都是聪明的。虽然科举不是获得补子的唯一途径，但它仍是获得最高声望和荣誉的途径。一般来说，一个遵循学者之路，并试图通过科举获得补子的人，会在大约 3 岁的时候开始学习。获得补子的人的平均年龄因时代和朝代而异，但通过最终考试的平均年龄在 35 岁前后。这意味着，一个典型的科举考生在达到他的目标之前，要花费 30 多年的时间来专注学习。考试通常要在严峻的环境中写作，暴露于天气、压力和不安之下，这经常导致那些科举考生死亡。因此，补子象征着一种难以置信的奋力苦读，因为学习是一种为家庭带来荣誉、威望和财富的方式。因此，补子可以被视为一种有形的象征，它象征着为履行家族义务而接受教育。

补子本身也是一个复杂的问题。在近六百年的时间里，它们由全国各地的工匠制成。这样自然变得复杂，给收藏家和学者留下了一项艰巨的任务，那就是为补子精确地断代。这种方法的准确性，随可供研究的样品数量而变化。因为样品较多，清朝的补子断代可能会更精确，而明朝因样品较少，对补子的断代相对更难。但是，无论现存的样品有多少，为补子排定正确的时序都是一项艰巨而富有挑战性的任务。这一挑战也是补子相关研究吸引人的原因。

这些设计和图像提供了一扇望向历史的窗口，让我们可以借此观察到一些文化和社会问题。这些问题在制作补子时是非常重要的，19 世纪及之后尤其如此。当时中国社会正经历着最严峻的挑战。正是在这一时期，中国被迫开始与贪婪的列强互动。因此补子研究还有一个价值，就是它对中国社会的深刻洞察。

从实用主义的角度来看，理解补子设计的演变可以让收藏者准确地将藏品置入时间框架。如果他们想要避免货次价高或鉴别真伪，这是一个重要的问题。因此，对收集者来说，能够高效而实际地形成自己的收藏还有一个别的目的。了解补子的设计如何随着时间的推移而变化，是一种有效的保护措施，可以避开越来越常见且日益复杂的赝品，这些赝品即使在重要场合也会出现。

关于为什么选择飞禽和走兽作为文武官员的品级标识，有一些零散的信息。有一位中国著名学者，其生活在新的官品制度颁布的同一时期。他指出，飞禽之所以被选定代表文官品级，是因为它们文采昭意，能反映举业之途，同时它们最接近天——皇帝，所以它们比走兽更能代表品级。不巧的是，使用特定飞禽来表示特定品级的基本原理并没有被记录下来。走兽被用来表示武官等级，可能是因为它们的设计反映了服用这些补子的人的勇猛。

在试图理解等级和样式如何随时间变化时，我们必须接受的一个基本前提是，很少有普遍适用的指导方针和规则。传统上，文官在成功通过了以儒家经典——四书五经为核心的考试后，通常会被授予佩饰补子的权利。他们成为科举中最高等第的进士，成为中国的社会精英阶层，成为被皇帝授予权力的成功的候选人，可以佩饰与他的职务和职位相称的补子。然而，这些新上任的官员要负责为自己制作真正的补子。因此，在接下来的520年里，在整个中国的广阔地域上，成千上万的补子被制作出来。考虑到涉及许多官员、工匠、地点和时间，所以我们不难理解，很难发现简单且通用的规则，来准确而简洁地处理补子的问题。

武官的补子研究也是难题。明朝的军队是一个世袭群体。明朝第一个皇帝朱元璋把户口分为四类：匠户、民户、商户和军户。每个军户要负责提供一个健全的男性终身服务于明朝军队。如果此人在战场上死亡，他的家人就得代替他。所以军队的士兵按照官方的户口分类，来自帝国的各个角落。当军官要制作他们的朝服时，会找其家乡的工匠。所以，比起文官补子，武官补子可能包含了所有的地域、艺术和时间变量，这些都增加了它们的复杂性。

根据我的经验，从一些基本的理解开始，通过常见的补子示例，可以让人们将各种各样的变化融入一种复杂但又可以理解的方式，以此评价这些珍贵而非凡的纺织品。因此，本书将从对每一种飞禽和走兽的描述开始，这样即使在没有颜色的情况下读者也能认出那只动物，因为它是用金线或单色的织锦制成的。接着我将描述补子中使用的图像。最后，我们将探讨明清时期设计的演变。由于有据可查的特征与可用实例的数量成正比，所以对明朝演变的描述必然要比清朝简短得多。本书结尾将简要介绍一些明清时期使用的龙纹，完整展示一套典礼用补子，展示一套明代的吉庆补子、一些其他国家的补子，以及提出一些如何避免买到赝品补子的建议。

02 | 鉴别文官补子

　　想要呈现明清时期作为品级标识的禽兽的全貌，就像试图用一幅静止的画面去记录一列行驶的火车。本书的一个基本观点是，补子的设计随着时间的推移而演变。因此，代表品级的动物的外观也发生了变化。由于本书之后的章节会叙述设计的演变，所以在本章中，我会概括地描述清朝中后期品级动物的形象。这些是你可能最常遇到的补子，所以我将它们作为一个比较便捷的起点。一旦你掌握了识别它们的基本知识，即使不同时期的飞禽或走兽在外观上有所变化，你也会相对容易识别。一些与年代、使用者性别和设计细节相关的描述，第一次了解补子的人对此可能会有些陌生，但我希望，这本书能在将来成为有价值的参考。虽然有些内容在第一次阅读时可能有些晦涩，但当你日后使用这本书作为参考时，我希望它们能有一些启发性。

　　在继续描述之前，我需要再次强调引言中提出的一个观点，即实际上没有任何规律是普遍适用的。随着时间的推移和中华帝国地理范围的扩大，设计的多样性使得即便是一些简单的规律，在某种程度上也存在问题。我们举例说明一下。

一个简单而直接的看法是，文职官员饰禽，武职官员饰兽。虽然大多数"规则"都是这样，但也有一个重要的例外。御史是一群被挑选出来的官员，一般级别不高，他们负责监察中国的官僚机构。他们通过自己的系统直接向皇帝汇报。当需要弹劾一个无能或腐败的官员时，他们可以直接向皇帝递送奏疏。他们的特殊标志是一种叫作"獬豸"的动物。这是一种神话中的动物，据说它可以立辨真伪。当它发现有人说谎时，就用独角抵住说谎者。因此，对于调查不法行为的人来说，这是一个很合适的标识。但与此同时，他们作为文官，服用动物并不是禽，而是作为武官象征的兽，破坏了"文官饰禽，武官饰兽"的一般原则。

另一种习惯是文武官员服用方补，皇室服用圆补。但是从19世纪初到清末，这一规则也不复存在。由于没有强有力的帝国实权人物来执行着装规范，文官逐渐将补子的形状改为圆形。结果，这一时期出现了大量的圆补。

在通常情况下，禽类被刻画成一种与它们的实际外观不符的程式化形象。特别是脚上有蹼的禽类，会被刻画为典型的爪状脚。稍后我会指出，在有限数量的例子中，水禽也被刻画成至少有一只脚蹼的样子。因此，在研究禽类和动物品级的微小细节中，也几乎不可能找到特定的、不变的规则。

除了时间和地理的影响，还有一个情况可以解释为什么品级符号会日益复杂。有时，一个官员会修改他的花样，使其可能被误认为是一个更高的级别。这种改动通常包括改变飞禽或走兽的颜色，增加或减少一个显著的特征。稍后，我们会讲到一只喙上有红色标记的白鹇，一个常见而明显的企图是使用棕色或黄色的喙，使它看起来像一只鹤。还有一个常见的例子，是将双尾羽的鸂鶒改为五根尾羽，使它看起来像一只标识五品的白鹇。其他的改动还包括修改飞禽的头部形状或改变头部羽毛。虽然这些未经授权的修改可能会造成短暂的混淆，但对每种飞禽典型特征的明确辨认可以帮助让敏锐的观察者识别其中的诡计。笔者在本章末尾进一步讨论了为什么有人无视惯例要改变飞禽的常规特征。

尽管人们发现几乎每条规律都有例外，但规律对各种品级禽兽外貌一般性质的基本了解还是有帮助的。区分禽类时，要注意头部、颈部和尾部羽毛的形状。颜色有时可以用来帮助识别禽类，但如果构图中用金银线或单色织锦，或者颜色被修饰成更高级别的禽——比如前面提到的白鹇，就没有这种提示作用了。禽的身体或翅膀的大小和形状并不重要，在大多数情况下脚也不重要，它们通常仅表现为爪。

官员被分为十八级、九品，每品有正、从之分。虽然正、从有别，但品级相同的官员服用同样的补子。

鹤是最高品级文官的象征。它的典型形象是一只白鸟，有光滑的头部和红色的头顶。在金线或单色的补子中，头顶则只绣出轮廓。它颈部光滑，通常有五根楔形尾羽，多为黑色或灰色，尾羽的尖端通常不互相接触。

图 2-1 补子中是戊戌变法时期的一只鹤。它头部光滑、红顶、身体白色、尾羽分开，这些都是这种禽的典型特征。图 2-2 补子中也是一只鹤，它的头部和颈部非常典型。它的尾羽变成了楔形，这种变形在鹨鹅或雁中较为常见。值得注意的是中心白色的云纹和背景中金色的卷草纹，这种组合通常出现在道光初期的补子中。

图 2-3 中的鹤是鹤的另一种常见形式，其为白色，厚重的背景具有典型的道光中期特征。细节图展现了补子中所用的米珠。虽然宫廷着装规定，禁止使用奢华的补子，但偶尔也会见到使用金线、米珠或孔雀羽线的补子。

图 2-1、图 2-2、图 2-3 的补子是为官员设计的，图 2-4 鹤补则是为一位命妇制作的，太阳的位置表明了服用者的性别。对于这一问题的讨论，我们将放到"补子的图像"一章中。对于图 2-4 这样的单色补子，我们必须要在没有颜色线索的情况下识别飞禽。其中识别的提示包括独特的头部形状、光滑的颈部和独特的尾羽。补子底部的对角线水纹用以表示立水，这块补子的年代可以追溯到 1850 年前后。

图 2-1　戊戌变法时期一品文官的鹤补

图 2-2　道光时期一品文官的鹤补（丝绣）

资料来源：德里克·林（Derik Lin）拍摄，贺祈思提供。

图 2-3　道光中期一品文官的鹤补及局部（缉米珠线绣）

图 2-4　1850 年前后一品文官命妇的鹤补（单色织锦）

锦鸡代表二品文官，突出特征是冠状的头部（头后突出），非常鲜艳的身体，两条长剑状的尾部羽毛，羽毛上通常标记着成对的黑色条纹。一些锦鸡的脖子上有黑色的条纹。

图 2-5、图 2-6、图 2-7 中的飞禽有与锦鸡相关的所有显著特征。图 2-5 这块补子有与图 2-2 相同的金色卷草纹，大约是同一时期的作品。图 2-6 中的飞禽则被置于水中，并出现了佛教符号，表明它是道光晚期的作品。图 2-7 很不常见，图中没有江崖，表明飞禽在飞行。飞行中的禽的造型通常出现在戊戌变法时期制作的补子中。图 2-8 中的飞禽颇为华丽，头部形状吻合，尾羽上也有饰带，但没有颈部的饰带，可能是为了避免影响它身体的金色光泽。这种补子制作于 19 世纪后半叶，当时品级被出售用以支持清政府。这只飞禽是为女性设计的，她可能是一位富商的妻子。在这种情况下，此人可能对飞禽的整体外观更感兴趣，而不关注具体的设计细节。此外，这是一块钉金线补子的实例，它是一种通过将金线绕钉在地子的丝线上来显色的工艺。

三品文官的飞禽是孔雀。这是一种更容易识别的飞禽，因为和真实的孔雀一样，它的尾羽包含突出的翎眼。孔雀的头部可能是圆的，也可能有冠，有些有一或两根羽冠，有些则没有。图 2-9 描绘了一只头部光滑的孔雀；图 2-10 中的孔雀头部光滑，只有一根羽毛；图 2-11 添加了第二根羽毛；图 2-12 中孔雀的冠状头部有一根羽毛。所有的孔雀都有明显的尾羽和翎眼。图 2-9 这块补子大约制于 1850 年。图 2-10 是戊戌变法时期的作品。图 2-11 制作于雍正初期。图 2-12 是一块正处于由方补向圆补转变过程中的补子，其制作时间约为 1900 年。综上所述，这些补子强调了孔雀尾羽图案的持续性。

四品文官的象征是一种飞禽，俗称"野雁"或"云雁"。它通常被描画为黄色或棕色的飞禽，有光滑的头颈及楔形的尾巴。它的尾羽之间没有空隙。其他常见的特征包括，颈部和身体上有半圆形或相似的用来表示羽毛的标记。图 2-13 到图 2-16 都有这些特点，不过图 2-16 中的雁是用金线制成的。这组补子中年代最早的是图 2-14，它制成于 18 世纪中期的乾隆年间。

图2-5　道光初期二品文官的锦鸡补子（丝绣）

图2-6　道光晚期二品文官的锦鸡补子（丝绣）

图 2-7　咸丰 / 同治时期二品文官命妇的锦鸡补子（缂丝）

图 2-8　二品文官命妇的锦鸡补子（钉金线）

说明：可能来自咸丰 / 同治时期的商人之妻。

图 2-9　咸丰时期三品文官的孔雀补子（缂丝）

图 2-10　戊戌变法时期三品文官的孔雀补子（丝绣）

图 2-11　雍正时期三品文官命妇的孔雀补子（钉金线）

图 2-12　光绪时期三品文官命妇的孔雀补子（约 1900 年后，丝绣）

图 2-13　道光时期四品文官的雁补（丝绣）

资料来源：乔恩·埃里克·里斯提供。

图 2-14　乾隆时期四品文官的雁补（缂丝）

图 2-15　咸丰时期四品文官的雁补（丝绣）

图 2-16　戊戌变法时期四品文官的雁补（金线加绣）

图 2-16 是离现在最近的补子，与图 2-10 一样，是戊戌变法时期制成的。根据补子底部的水纹样式可知，图 2-15 这块补子制作于 1850 年前后。这些补子证明，雁的形象在清代大部分的时间里是相对稳定的。

白鹇为五品文官的象征。白鹇是一种典型的白色飞禽，头部有羽冠，尾部有五根分开的羽毛，羽毛边缘呈锯齿状或扇形。在主要的尾羽周围也可能有小而边缘光滑的羽毛。图 2-17、图 2-18、图 2-19 都是有典型白鹇形象的补子。图 2-17 和图 2-18 是道光帝在位初期制作的；图 2-19 则晚于 1850 年。图 2-20 也是在 1850 年以后制作的，是一件单色织锦，主要色调为黄褐色。即使没有颜色上的线索，图 2-20 也很容易被识别为一只白鹇。它和其他金线和单色的例子表明，即使在没有颜色线索的情况下，这类飞禽也容易被识别，因此我们可以看到了解头、颈和尾典型形状的重要性。

六品文官佩饰鹭鸶补子。鹭鸶通常是一只白色的鸟，有些头部有羽冠（图 2-22、图 2-23），有些的头部则是光滑的羽毛（图 2-21、图 2-24）。它的颈部光滑，尾羽和雁一样呈楔形，身体上通常没有标记。但是如图 2-24 所示，它身体上的羽毛有时呈鳞片状，而非真实的样子。图 2-21 补子为乾隆时期所制，其余为道光时期所制。

七品文官的象征是鸂鶒。这种色彩斑斓的飞禽的头部通常有羽冠，颈部有两排卷曲的羽毛，还有像雁与白鹭的楔形尾巴。图 2-25、图 2-26 补子可追溯到 1826—1850 年，是鸂鶒的典型形象。图 2-27 则制于乾隆时期，它看起来有些像素化，因为其使用了中国帝制时期的纳纱工艺，即西方所说的点针绣。不过中国纳纱与西方的工艺不同，中国的针法走向与底布边缘平行，而非像其他地方那样与底布边缘斜交。然而在这个例子中，鸂鶒的典型特征很明显。图 2-28 显示的是戊戌变法时期的单色织锦。这只鸂鶒头部的冠状羽毛使它有别于雁，而颈部的羽毛使它有别于鹭鸶。在单色的表现形式中，头部和颈部的处理将鸂鶒与雁和鹭鸶区分开来。

图 2-17 道光时期五品文官的白鹇补子（丝绣）

资料来源：德里克·林拍摄，贺祈思提供。

图 2-18 道光时期五品文官的白鹇补子（丝绣）

图 2-19　咸丰时期五品文官的白鹇补子（缂丝）

图 2-20　咸丰时期五品文官的白鹇补子（单色织锦）

图 2-21　乾隆时期六品文官命妇的鹭鸶补子（丝绣）

资料来源：德里克·林拍摄，贺祈思提供。

图 2-22　道光时期六品文官的鹭鸶补子（纳纱）

图 2-23　道光时期六品文官的鹭鸶补子（丝绣）

图 2-24　道光时期六品文官的鹭鸶补子（丝绣）

图 2-25 道光时期七品文官的鸂鶒补子（丝绣）

资料来源：乔恩·埃里克·里斯提供。

图 2-26 道光时期七品文官的鸂鶒补子（缉米珠线绣）

图 2-27　乾隆时期七品文官的鸂鶒补子（纳纱）

图 2-28　戊戌变法时期七品文官的鸂鶒补子（单色织锦）

七品文官通常是通过科举考试提拔的官员仕途的起点。对大多数中国百姓来说，这一品级的地方官是他们与中国官僚机构的唯一联系。

八品文官以鹌鹑为标识。鹌鹑是一种不特别讨人喜欢的飞禽，正如补子上所示，鹌鹑通常被描绘为棕色或黄色的飞禽，头部和颈部光滑，尾巴几乎难以分辨。对于尾部的描绘，只是身体在向下的位置逐渐变细。图2-29鹌鹑补子为1826—1850年制作，图2-30则在1850年后。图2-30中的飞禽与典型的鹌鹑不同，它的尾巴上有明显的羽毛。这可能缘于穿着者的一种伪装，他想使自己看起来更像一位五品文官，而不是一位低级的八品官员。图2-29和图2-30是为官员制作的补子，图2-31和图2-32是为命妇制作的补子。后两者和图2-30补子差不多是同一时期制作的，因为它们底部的立水都以折线形式表现。在图2-32的单色补子中，鹌鹑的典型特征非常明显，再次强调了在识别鹌鹑时，捕捉到它的形状和形态比它的颜色更为重要。

八品补子很难找到。大多数八品官员是通过参加特别考试进入官僚机构的九品官。通过这一考试，那些优秀的书吏可以获得任职地方的机会。这些人并不被认为是"真正的"官员，因此他们晋升很缓慢，也鲜有机会成为上一级帝国官僚机构的官员。这可能解释了鹌鹑补子的稀缺性，因为通过书吏考选拿到九品的官员很少得到晋升。

练雀是文官中级别最低的九品的象征。这些官员大多是县级衙门的书吏，通过特别的考试而进入官僚机构。练雀补子比鹌鹑补子更为常见，可能是因为，当你被认为不如那些通过科举并以此晋升的人时，从底层进入官僚机构比获得从九品晋升到八品的机会要容易得多。

练雀通常被刻画为一种白色的飞禽，头部有羽冠，颈部光滑，尾部有两根长长的羽毛，尖端有明显的斑点。尾羽通常在与身体相连的地方变窄，在尾巴末端变宽。图2-33是1826—1850年的作品，大尺寸的背景元素表明该补子是19世纪的产物。其中练雀的尾羽不像大多数九品文官补子中练雀的羽毛那样向底部扩展，而那是可以清楚地标识九品补子的独有特点。

图 2-29　道光时期八品文官的鹌鹑补子（丝绣）

图 2-30　咸丰时期八品文官的鹌鹑补子（丝绣）

图 2-31　咸丰时期八品文官命妇的鹌鹑补子（丝绣）

图 2-32　咸丰时期八品文官命妇的鹌鹑补子（单色织锦）

图 2-33　道光时期九品文官的练雀补子（丝绣）

图 2-34　咸丰时期九品文官的练雀补子（缂丝）

图 2-34 和图 2-35 两块补子是在 1850 年后制作的，大概是在太平天国运动之初。图 2-34 表现了海水式样的变化。图 2-34 和图 2-35 中的练雀都有分叉的尾羽。图 2-36 的补子是为一位命妇制作的。这是一个以金线和丝绸为材料的实例。它是戊戌变法时期的设计。其背景中数字的特殊含义，我们将在"补子的图像"一章中讨论。

獬豸是传说中能辨别真假的神兽，是文官以飞禽为纹饰的例外。御史由皇帝委任，负责监察文武官员，发现和报告他们的腐败、无能和过失。对于那些要调查、根除腐败和失职官员的人来说，獬豸是一个合适的象征。在清朝，中央和地方的司法官员也服用獬豸作为其等级花样。最终，任何与司法略有关系的人都服用了这种补子，尽管律令中一再反对这种做法。

就像所有中国神话中的神兽一样，獬豸的身体也迸发出火焰。和龙一样，它的腿通常是由红色火焰勾勒出来的。獬豸有个像龙一样的头，但与龙有双角不同，它是独角。它的身体像狮，腿上有爪。虽然大多数资料认为獬豸的尾巴像狮的尾巴，但实际上它用了熊的尾巴。这种对尾巴处理的区别，我将在下一章讲述武官品级走兽时详细讨论。狮的尾梢是卷曲的，而熊的尾梢是直的。在图 2-37 到图 2-40 补子中，动物的直尾梢是从熊而不是狮那里因袭的。这是传统智慧误导我们的一个例子。

图 2-37 所示的补子是乾隆时期制作的。树和水的形态有典型的时代特征。图 2-38 獬豸补子是道光初期制作的。图 2-39 也是道光时期的，但制作于道光后期。从补子底部的水纹可以看出，图 2-40 是 1850 年后生产的，其所用的是纳纱技术。

我一直不明白，为什么一个官员要让他补子上的飞禽看起来比实际的级别高。这肯定不是为了给老百姓留下深刻印象。官员有很多特权。他们出现在公共场合时从不步行，而是坐轿子、坐马车或骑马。根据他们的级别，在他们个人的前后有许多旗帜和锣鼓。当有官员走近，锣鼓响起，百姓就会警觉起来。百姓被要求进入屋内，或是匍匐在地上。如果他们留在室外，就要

图 2-35　咸丰时期九品文官的练雀补子（缂丝）

图 2-36　戊戌变法时期九品文官命妇的练雀补子（金线加绣）

图 2-37　乾隆时期御史的獬豸补子（丝绣）

资料来源：德里克·林拍摄，贺祈思提供。

图 2-38　道光时期御史的獬豸补子（丝绣）

图 2-39 道光时期御史的獬豸补子（丝绣）

资料来源：乔恩·埃里克·里斯提供。

图 2-40 咸丰时期御史的獬豸补子（纳纱）

俯身朝下。在任何一种情况下，平民都没有机会看到官员的补子，更不用说通过图案来确定他的级别了。

也很难想象一位官员会被图案上的细微变化所愚弄。当然，官员对每一品级的飞禽都很熟悉，因为他们必须根据品级来决定如何称呼彼此。这种做法唯一可能的解释是，这些试图掩盖实际官阶的做法，通常发生在那些可能与其他官员有短暂接触的出差官员，以及那些在大型政府工程中工作的人身上。因为在那些情况下，他们可能经常会遇到不认识的官员，让陌生的官员随便看一下他们的补子，可能会给予他们本不应得到的礼遇。

03 | 鉴别武官补子

和文官一样，武官也分为九品十八级，每品有两个级别。补子用走兽，以彰显服用者在战斗中的勇猛。然而，有三个问题使关于武官补子的探讨变得复杂：最低的三个品级没有补子的实物；太阳的位置所涉及的问题更为复杂；一些低级别的宗室会选择使用走兽补子而不用蟒补。

我们以相反的顺序逐一说明这三个问题。宗室服用的补子将在第 13 章"龙 / 蟒补与其他类型的补子"中加以讨论。

关于补子上太阳位置的变化需要详细解释，将在第 4 章"补子的图像"中讨论。由于此章我的重点是概述性的，所以我会简单地说明服用者的性别，而不提供任何理由。

没有已知的记录说明为什么最低的三个武官品级没有留下补子。一些学者推测，武官补子稀缺是由于为避免与清朝军队有任何联系，它们在 1911 年辛亥革命后被销毁。这种说法有两个问题。第一，这种说法只能解释清朝晚期补子的稀缺，但没有必要为了避免被认作满人而销毁早期的补子，所以事实并非如此。清代任何时期的武官补子都比文官的更难找到。因此，所谓的革命后销毁补子并不能解释清代早期武官补子的缺失。关于这种解释的第二个问题是，在中原的满洲兵丁被隔离在驻防地中，通常会在城市中单独筑城，与汉人分开。因此，所有的满洲兵丁都会被他们的汉人邻居认出，焚烧补子也不会消除这种已知的联系。毁掉一件珍贵的纺织品是没有意义的。

因为传统观点无法对武官补子的稀缺这一问题给出令人满意的解释，我们只能推测其原因。我认为武官补子的稀缺有两个原因。第一，清朝的武官和明朝一样是世袭的，儿子继承了父亲在军队里的职位。如果父亲晋升到更高的职位，儿子的承袭会从父亲开始做官的位置开始，而非其父结束的位置。因此，对于继承了父亲武职品级的儿子来说，武职品级不代表任何特殊的成就，因此没有什么特别的意义。与其形成鲜明对比的是，文官必须通过一系列的考试，才能被认为是官僚系统的正规组成部分。文官是声名显赫、受人尊敬的儒家学者，而武官只是继承了其父的品级。这种地位的对比，在中国帝制文化中具有重要意义。在文武官员同时出现的情况下，文官在左边的上位，武官则在右边的下位。[1] 由于武官没有很高的威望，而汉人又不喜欢非汉人控制中国，所以在清朝武官没有强烈的动机表现其武职品级。

第二种可能的解释是经济方面的。我还没有发现一块武官补子的费用记录。但是我们知道，整个冠服的成本估计约为四千两白银。这是一个武官年俸的好几倍，他也许不会负担这笔不必要的费用。也就是说，驻扎在北京以外的官员不必穿正式的补服，因此也就没有动机去获得它们。文官比武官有更多的机会去提高收入。尽管清代武官也有常规的腐败途径（冒领军饷，不报逃亡，购买劣质口粮以中饱私囊，调职或晋升时索要回扣等），但除非正在进行军事活动，否则这些不正常的收入并不像文官的收入那样丰厚。出于预算方面的原因，武官将服装的数量限制在绝对必要的范围内。武官的这种经济状况贯穿了整个清朝，这可以解释为何在清代的各个时期，武官的补子

1　按照传统的"文东武西"之制，文官在东，皇帝坐北向南，文官在皇帝的左手边。——译者注

都更为稀少。

这种经济必要性在武官系统的底层尤其明显。武官系统中最低的三个品级，可以类比美国陆军的士官（noncommissioned officers）和应征士兵（enlisted soldiers）。这些级别的人俸禄很低，而且众所周知并不稳定。在清朝末期，士兵常常不得不出售武器和装备以供养自己及其家庭。八旗兵也常常不顾禁令，出外务工或学手艺以维持家庭生计。在这种情况下，负担一套正式官服的费用尤其困难。即使这些级别的士兵能定期得到指定的俸禄，他们也必须攒下八十年的钱才能负担得起一套正式的官服。还要假设在此期间，他们收到的俸禄没有一笔用于为自己及家人提供衣食住行。考虑到这些经济因素，武官组织中最低三个等级的补子尚未被发现也就不足为奇了。一些机构声称有海马补子，但这些声明的有效性受到质疑。

最初，最高的两个武官品级都由狮标识。然而，从1662年康熙帝统治开始，一品武官的象征变成了麒麟。这种神话中的野兽有几个理想的条件。根据神话传说，麒麟与圣人降世有关，只有当国家治理得特别好时麒麟才出现。因此，麒麟作为武官品级具有象征性的政治色彩。因为所有的一品武官都要身着补服，麒麟就时常出现在紫禁城，仅仅是这种瑞兽的出现，就可以宣告这个国家处于良好的治理之下。

作为一种神话中的野兽，麒麟的四肢有着必不可少的火焰纹。它龙头双角，而西方最早称之为"独角兽"（unicorn）则是一个误名。麒麟有鹿的身体和蹄子，但被鱼鳞覆盖。和獬豸一样，传统上它也被描述为有狮尾。但也像獬豸一样，麒麟的尾巴其实是熊尾，这一区别将在二品武官的描述中有所涉及。麒麟的前腿通常是弯曲的。

麒麟打破了一些规则。通常情况下，代表品级的动物会看着太阳，但大多数麒麟会正视前方。这与传统上"太阳代表皇帝"的说法相悖。如果这个说法是正确的，那些高级军官不仅名义上是皇帝的奴隶，而且在一个潜藏敌意的非本族的土地上与皇帝有着相同的族裔身份，这些人肯定会以面向皇帝的形式向他表示尊重。所以关于太阳纹的传统观点很可能是错误的。

按照惯例，官员的妻子要服用与丈夫相似的补子，然而麒麟经常是例外。男女补子的唯一区别通常是太阳的位置，但此类补子上，命妇的麒麟也模仿了丈夫补子上麒麟的方向。对于这种不同于正常性别区分的现象，我没有找到任何解释。

图 3-1 麒麟补来自雍正时期，它是为命妇制作的。值得注意的是，这里麒麟的尾巴末端是直的。图 3-2 中的麒麟为康熙时期的官员使用。这只麒麟也具有这种瑞兽的全部特征。图 3-3 显示了为官员制作的另一块补子，大约制作于咸丰初期。这只麒麟也有我们谈到的所有典型特征。图 3-4 是戊戌变法时期一位一品武官的补子，这是一只标准姿势的麒麟。

二品武官用狮表示。它不是西方狮子的经典形象，而是作为守护神的狮子，这种狮子通常被放置在门的两侧，用以震慑邪祟。因此，中国的狮子是一种带有火焰纹的神话动物。狮和象征五品武官的熊的区别很微妙，需要看这个动物的头和尾巴上是否有卷曲的毛发。

仔细分辨每一块狮补上狮的特征，包括卷曲的鬃毛和尾巴末端。这些例子中也有背部卷毛的狮，但并不必要。前三块狮补（图 3-5、图 3-6、图 3-7）是在道光时期制作的。最后一块（图 3-8）是在 1850 年前后制作的。虽然所有狮补上的太阳都在同一个位置，但图 3-6、图 3-8 补子是为官员制作的，而图 3-5、图 3-7 则是为命妇制作的。如前所述，补子上太阳位置的规则复杂，我们将在下一章详细讨论。

之前我们提到过，无论文武官员，有时都试图让他们的品级看起来比实际更高一些。服用熊补的官员通常会这样做，他们可以试着让其补子上的走兽看起来像狮子，方法是在狮子有卷毛的地方部分（但不是全部）制成卷毛：在鬃毛但不在尾巴上绣制；沿着动物的背部绣制；在它尾巴的底部但不是在末端绣制。我采用了一个分类规则，将任何有一些但不是全部卷毛的狮分为一类，它们是试图看起来像狮的熊。在我看来，这些鬃毛和尾梢没有都卷曲

图 3-1　雍正时期一品武官命妇的麒麟补子（缂丝）

资料来源：德里克·林拍摄，贺祈思提供。

图 3-2　康熙时期一品武官的麒麟补子（金线加绣）

图 3-3　咸丰时期一品武官的麒麟补子（缂丝）

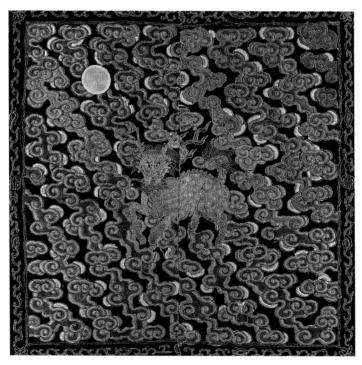

图 3-4　戊戌变法时期一品武官的麒麟补子（丝绣）

图 3-5　道光时期二品武官命妇的狮补（丝绣）

图 3-6　道光时期二品武官的狮补（丝绣）

图 3-7 道光时期二品武官命妇的狮补（混织，金线、孔雀羽地子及缂丝）

图 3-8 咸丰时期二品武官的狮补（缂丝）

的混合动物，是冒名伪装的。

三品武官服用豹，其是对豹的真实描绘。豹被认为是一种真实存在的动物，而不是虚构的，所以它没有神话动物的火焰纹。在某些情况下，如图3-11，火焰出现在一个真实、非神话的走兽补子的设计中，但它们不接触动物的身体。这里展示的豹都是为武官设计的。图3-9和图3-11所示的补子制作于道光时期。图3-10和图3-12代表了1860年后的设计。图3-12则表明，即使是单色补子，豹也能被识别出来。

四品武官以虎为标志。像豹一样，这也是一种现实动物表现，但有一个例外，大多数老虎的额头上都有一个符号——三横一竖，在中国这是王的意思。在某些情况下，这些线条是波浪状的，以更接近实际动物的花纹。这个符号的象征意义类似西方的白虎，它统治着邪灵，因此被认为可以保护人不受邪灵伤害。出于这个原因，白虎的象征也被纳入端午节的祥符，它可以防止夏季的五毒。图3-15和图3-16在补子设计中融入了火焰纹，但它们没有触及老虎，因为老虎不是神话中的动物。图3-13是在18世纪早期制作的；图3-14是19世纪早期的作品；图3-15是19世纪中期的作品；图3-16则是1850年代后期的作品。

熊代表五品武官。它的身体结构类似狮，这使得它模仿高品级的动物就相对容易。熊也被认为是神兽，因此它的身体里必须有火焰纹饰。图3-17熊补可能是为命妇制作的，因为是为女性而制，所以也许可以解释，为什么这块补子不像其他熊补那样，试图让它看起来像一头狮。只有几乎看不见的火焰沿着它的背部明显地接触到身体，而更突出的火焰几乎没有接触到熊的鬃毛。而其他三头熊（图3-18、图3-19、图3-20）都以某种方式，把卷毛融入了身体。图3-18和图3-19熊的尾巴底部有卷曲。图3-20更为明显，沿着熊的背部，鬃毛和尾巴的底部都有卷毛。然而，让这些伪装者暴露身份的是，它们的鬃毛和尾巴的末端是直的。这里所有的补子都是在19世纪中期制作的，除了图3-19，它的制作稍晚。

图 3-9　道光时期三品武官的豹补（缂丝）

图 3-10　同治时期三品武官的豹补（缂丝）

资料来源：德里克·林拍摄，贺祈思提供。

图 3-11　道光时期三品武官的豹补（丝绣）

图 3-12　同治时期三品武官的豹补（单色织锦）

图 3-13 雍正时期四品武官的虎补（缂丝）

资料来源：大都会艺术博物馆提供。

图 3-14 嘉庆时期四品武官命妇的虎补（纳纱）

图 3-15　道光时期四品武官的虎补（丝绣）

图 3-16　咸丰时期四品武官的虎补（丝绣）

资料来源：迈克尔·史密斯（Michael Smith）提供。

图 3-17　道光时期五品武官命妇的熊补（丝绣）

图 3-18　道光时期五品武官的熊补（缂丝）

图 3-19 同治时期五品武官的熊补（缂丝）

图 3-20 道光时期五品武官的熊补（丝绣）

六品武官的象征是彪。火焰没有出现在它的身体上，因为它代表了一种真实的动物。它是一种简单的、像猫一样的动物，没有斑点或条纹。因此，不论在彩色还是单色中，它都很容易被识别。图 3-22 和图 3-24 是为武官本人准备的。图 3-21 是给命妇制作的。彪身上的痕迹很可能是为了让它看起来像头虎。图 3-23 比较特别，因为彪并不面对太阳，打破了除麒麟以外所有动物都要遵守的规则，所以无法分辨服用者的性别。图 3-21 所示的补子制作于道光年间。剩下的彪补则是在 1850 年代后期制作的。

由于并未发现最后三个品级武官的补子，我们对补子的讨论似乎应该就此结束。然而，我们确实掌握了一些关于这些补子可能样式的信息。虽然七、八品武官补服上走兽的名字被英语翻译为"犀牛"（中文也称犀），但这种动物本身看起来一点也不像同名的非洲野兽。这个名字很可能是一次误译。一位早期研究武官补子的学者在明朝的纺织品碎片中辨认出了这种神秘的武官品级走兽。纺织品碎片显示了一头长着细长腿，像牛一样的生物，有弯曲的独角（图 3-25）。

同样，我们需要从补子本身以外找海马补的蛛丝马迹。在宫廷服饰的木刻版画中，海马被描绘成一匹跑过水面的白马，而不是尾巴弯曲的水生生物。对海马补子设计的一般性理解还有其他的来源。许多佛教僧侣在受戒时接受了清贫誓言，并要坚守这一誓言。在大多数官僚机构中，很多高级官员也利用了这样的制度，穿着看似只是用破布制成的衣服，但其实是精致的纺织艺术品。这种官服的一个成例见图 3-26。图 3-27 这件僧袍的细节显示了一块海马补，它是组成袍子的"百衲补丁"之一。显然，这块假的补子不具备真正补子的所有设计元素，但它确实给人一种海马补子可能存在的印象。

但有一个更有趣的材料可以用来了解海马补。它来自一件意想不到的、独特的纺织品。图 3-28 是一件未完成的褂，它的前面有一块海马补。图 3-29 显示了这块补子的细节。绘制这个图案的人显然并不完全清楚清代补子的设计图案，但对补子应该是什么样子有一个大致的概念。

图 3-21　道光时期六品武官命妇的彪补（丝绣）

说明：彪身上的线条很可能是为了让它看起来像一只四品武官补子上的老虎。

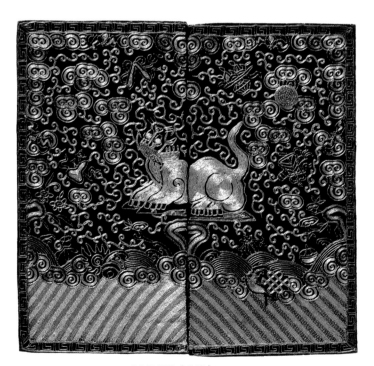

图 3-22　同治时期六品武官的彪补（金线）

资料来源：德里克·林拍摄，贺祈思提供。

图 3-23　咸丰时期六品武官 / 命妇的彪补（丝绣）

说明：太阳位置错误。

图 3-24　同治时期六品武官的彪补（丝绣）

图3-25　明朝纺织品碎片上七品及八品武官补服上的"犀牛"（丝绣）

说明：这种类型的补子目前还没有已知实例。

资料来源：大都会艺术博物馆提供。

图3-26　各种设计图案的宗教用长袍"补丁"

资料来源：贺祈思提供。

图 3-27　图 3-26 中宗教用长袍的细节

说明：一个风格化的海马图像，现在尚未见这种类型的补子实例。

资料来源：贺祈思提供。

图 3-28　一件未完成的补服

说明：上面描画了海马补，这是一个极其罕见的例子。

资料来源：德里克·林拍摄，贺祈思提供。

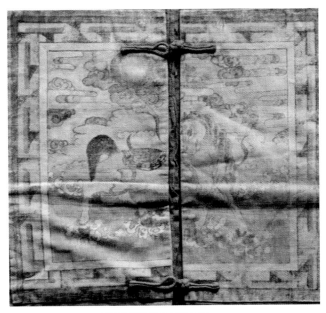

图 3-29　图 3-28 所绘补服胸前补子的细节

说明：设计大致遵循了武官补子的一般规则，然而马朝向了错误的方向，太阳应该在补子的右边。

资料来源：德里克·林拍摄，贺祈思提供。

图 3-30　图 3-28 所绘补服背面补子的细节

说明：马的脸朝向了相反的方向，月亮代替了太阳，放在了错误的一边。

资料来源：德里克·林拍摄，贺祈思提供。

褂背后的补子如图 3-30 所示。在这个图像中，画家在设计上有了一些艺术的突破，用月亮代替了太阳。据我所知，这件纺织品是孤例，所以我们无法得出任何关于用彩绘补子替代昂贵官服的一般性结论。但看来，似乎是一名有进取心的清朝士兵，为他负担不起的官服做了一件替代品。

04 补子的图像

　　图像是中国补子的重要元素，原因至少有以下两点。第一，文人为了能够服用补子，殚精竭虑地为科举考试做准备，因此他们精通文学、诗歌和各种词句的含义。玩文字游戏成了他们的看家本领，而且是他们日常生活的一部分。自然而然，这些文人也会选择巧妙地展示他们对汉语的熟练程度，用符号来表达希望、心愿和他们渊博的学识。第二，在当时的中国文化中，人们普遍认为，周围有祥瑞征兆会使这些好事真正发生。因此，这些愿望的象征自然会出现在诸如补子这种重要服装的设计中。这些符号的出现及其所展现的愿望，很可能受到了补子使用时期历史背景的影响。当我们探索清末补子设计的演变时，这一点将尤其明显，当时各种历史事件给中国社会带来了极大的影响。

　　跨时间、跨文化的评价是一个带有不确定性的过程，在面对符号时尤其如此。用符号来表达思想的一个优点是，它能被大众认知和理解。由于补子上所用的符号有着共同的来源，它们还被用于服装、家具或其他装饰和艺术品，其含义得到了广泛的认同。但由于语言随着时间的推移而变化，在不同的历史时期，相同的词语和符号可以有不同的含义。尽管这给符号及其用途的讨论带来了一些不确定性，但它并没有减少对符号及其含义探索的趣味性。

这种考察的一个有趣之处在于，汉语存在联想。由于每个字音可以有四种不同的声调，如果一个符号的发音有别的意思，那么可以使用它来暗示另一种含义。最常见的例子可能是用蝙蝠来表示幸福或祝福。在西方文学中，这种意义替代的方式通常被称为"字谜"（rebus）。

形状

关于补子的一切内容都包含着某种意义，或者微妙，或者直接，甚至补子的形状也是如此。一般来说，皇帝和他的家人服用圆补，因为太阳和天是与圆联系在一起的，而皇帝被认为是"天子"。官员和勋贵则用方补，因为当时人认为，地为方正，而中国居于其中，因此中国称"中央之国"。官员与大地联系在一起，是皇帝在大地上的使者。

但这里还有更深层次的含义。根据中国的创世故事，太极是天地分开之前宇宙存在的状态。这个家喻户晓的设计融合了两个元素：黑暗是滋生的阴，光明则是刚劲的阳。弯曲的边界表明两者之间没有明确的划分。黑色中的白点和白色中的黑点表示这两种力量是相互交织，而不是完全对立的。根据中国版本的创世论，太极分裂开来，并产生了其他事物。

光明、澄清的阳气升起，形成天空、太阳和星星，而黑暗、坚实的阴气下降，创造了大地。在我们现在讨论的问题中，这一点的重要性在于，圆不仅代表了天和阳，也是宇宙终极的象征。把皇帝与圆联系在一起，也赋予了他作为万民之极的意义。

此外，正是阴阳之间的相互作用产生了地球上的万物。值得注意的是，阴阳两极虽然是不同的，但是它们之间不是竞争的，当然也不是对立的。将皇帝与主生长的阳和圆联系在一起，将官员与主养育的阴和方形的地联系在一起，使皇帝和官员之间的关系具有神性层面的重要性。身为阳的皇帝成为天人之间最重要的联系人，而身为阴的官员则养育和保护百姓。君臣之间的关系反映了作为万物之本的阴阳关系。因此，皇帝的官僚组织反映了整个宇宙，成为自然规律中合理的组成。

方形中的宇宙

虽然在明朝并不普遍如此，但清朝的补子确实代表了宇宙，因为它们通常都会显示宇宙的三个元素——空气、土地和水。空气被绣成云气；水被绣成浪潮、湍流或大海；大地被绣成岩石、假山或辽阔的地面。

像补子中的大多数元素一样，云气并不仅有一个意义。因为云气高高在上，它们代表了高等级。另外"云"与"运"谐音。从汉代开始，五色祥云都被视为祥瑞。清代的云纹也合并了多种颜色，而这种做法几乎贯穿了整个朝代。此外，云纹也常表现为三朵灵芝，灵芝寓意着长寿，因此灵芝卷云纹同样蕴含了长寿的祝福。

数字

数字同样有其寓意。双数常与女性、涵养、阴相联系，单数则常代表男性、刚劲、阳。在汉语中，特定的数字有特定的含义。如四意味着"死"。九是一个阳数，并且与"久"同音，因此象征着长寿与不朽。九也与天和农业土地的公平分配（井田制）有关。因此，九有很多吉祥的寓意。

七和八阴阳同体，同时具有阴和阳的属性。七是阳性数字，但是女性的生命被七控制。根据中国古代文化，女孩七个月长乳牙，七岁开始掉乳牙，十四岁成为女人，四十九岁失去生育能力。八是一个偶数，是阴性的，但男性的生命是由八控制的。男孩八个月长乳牙，八岁开始掉乳牙，十六岁成为男人，六十四岁失去生育能力。八同样与"发"谐音，象征着财富。因此，八被认为是一个幸运数字，有"八珍""佛八宝""八仙"等。

数字五在中国文化中占有特殊地位。在宇宙形成的过程中，有五种元素被创造出来——火、水、土、木、金。人则被赋予了五种品质——仁、义、礼、智、信。其他与五相关的还有，包括中心在内，有五个方向；五色；五音；五种调味料；五个口味；五种刑罚；五官；五谷；五情；五种武器；五生；五毒；五福。人们发明了一种被称为"五行"的完整的哲学体系，用来解释与数字五有关的宇宙的内涵和运行方式。

宇宙观

如上所述，中国人的宇宙观受到数字五的影响，同样也与颜色、方向、情绪和动物之间有所联系。东方有青龙，主生长，属木，青色。中国色彩设计有一个有趣的地方，一个"青"字，代表了从灰色、蓝色到绿色等许多不同的颜色。所以对中国帝王来说，蓝色和绿色是同一颜色，只是深浅不同。南方有朱雀，主喜庆，属火，红色。红色是一种喜庆的颜色，这在解释补子用色中是重要的一点。西方有白虎，主悲伤，属金，白色。北方有玄武，主惧怖，属水，黑色。第五个方向，也是最后一个方向，是中心，有帝王的黄龙，主稳重，属土，是滋养万物的力量。南方为太阳，北方为太阴，东方为少阳，西方为少阴。只有中心，完美地平衡了控制宇宙的两种相互作用的力量。作为掌管天人关系的枢纽，皇帝便与中心、龙以及所有与之相关的内涵联系到了一起。

皇帝坐北朝南的传统根植于五行，这种理论出现于孔子诞生之前，而孔子又为这种行为提供了理由。孔子把皇帝比作天上的北极星，而众星都围绕着它旋转。就像北极星一样，皇帝是中国人生活的中心，中国的一切都围绕着他。因此，皇帝应效仿北极星坐北而面南。这个概念也很符合方向和情感的宇宙论。面南之时，赋予万物生命的太阳在皇帝的左边，使东方成为尊贵和重要的位置。喜庆在南方，在皇帝的面前，惧怖在皇帝的身后，而悲伤则被分配到皇帝右边——这是一个较低的位置。

从 6 世纪起，明黄色成为皇家专用色。皇帝可以穿很多种颜色的衣服，但只有皇帝和他的直系亲属可以穿明黄色衣服。未经许可使用黄色会被处以死刑，通常会被凌迟，也就是所谓的千刀万剐。仅限直系皇室使用黄色是一个古老的传统，清朝是第一个允许其他皇室成员使用黄色的王朝。杏色或秋香色是储君——下一任皇帝使用的。虽然根据康熙帝建立的传统，继承人的身份应该是保密的，[1]但这只是一种形式上的传统。继承人的身份通常是朝廷中公开的秘密。棕色或黄褐色是为特定等级的王公保留的。

明朝使用红色，可能是象征着自辽人统治中国北方以后，恢复汉人统一政权的喜庆之情。清朝使用蓝色，也许暗指它的朝气和活力取代了陈旧的明朝。

太阳纹

补子研究的传统观点认为，清朝早期就开始使用太阳纹，在康熙统治中期得到广泛使用。实际上，明代也有一些带有太阳纹补子的例子，将在下一章介绍其一。后来，武官在补子的设计上加上了太阳纹，变动时间似乎在文官之后。

太阳纹是补子设计中的一个重要元素，它本身就很有意义，并提供了有关服用者性别的信息。在给太阳和望着太阳的禽兽赋予意义时，传统的观点似乎并不正确。大多数人认为太阳代表皇帝，表示品级的禽兽望向它即代表了对皇帝的尊重。太阳是阳的表现，就像皇帝一样，因此这似乎是一个合理的结论。然而，这一论点不能说明三个指向不同结论的事实。首先，如前所述，武官迟迟没有将太阳设计为补子的一部分。清朝军队由满洲旗人组成，一个旗有五个甲喇。早在清朝建立之前，所有的武官就是政府的重要成员。很难想象还有什么人，能比皇帝的族亲更支持这位新的清朝皇帝。然而，中国的文官却比武官更热衷于使用太阳纹。其次，武官的最高品级使用麒麟作

1　清代的秘密立储制度是雍正时期确立的。——译者注

为其象征。八旗的首领一定是最支持皇帝的群体之一，但是麒麟通常看着观者而不是太阳。最后，清朝的宗室服用方形龙补，在大多数情况下，他们来自八旗军队，是成功的军事指挥者。因为他们是军队构成的一部分，且被皇帝授予了特殊荣誉，他们有充分的理由支持皇帝。然而贵族的补子上没有太阳纹。

对太阳纹的另一种解释与中国一句古老的谚语有关——如日中天。那些渴望晋升的人有理由在他们的补子设计中加入太阳，让代表品级的禽兽盯着它，希望它能带来晋升。然而，最高的武官和宗室只有当上皇帝才真算是荣升高位。哪怕是一点点想要取代皇帝的暗示，都可能导致拥有这种想法的人甚至他的整个家族缓慢而痛苦地死去。这有力地解释了为何麒麟避免朝向太阳，而宗室也不把它作为补子设计的一部分。总的来说，我认为现有的证据让我们将太阳纹与中国谚语联系起来，而不是皇帝。

太阳纹帮我们确定了拥有者的性别。明朝朝廷对官员的家庭成员服用补子并无明确指示。而一些画像显示，命妇也服用补子。第五章中明朝晚期的补子为我们提供了确凿的证据，证明一些明朝命妇也服用补子，并一直用太阳的位置来表示服用者的性别。清廷规定，命妇必须使用与其官员丈夫相同的补子。孩子们可以服用与父亲身份有关的冠和束带，但不能服用补子。当女子出嫁，离开她的娘家嫁入夫家，她的穿戴不能再依据其父亲的等级。如果她的丈夫有品级，她要依据丈夫的品级穿戴。

这些规则并非总是得到遵守。明显的一点是，为儿童制作的补子在 19 世纪开始出现，此时清朝开始衰落。另一个习俗也挑战了严格的使用规定。在朝堂上，文官要站在皇帝的左边，因此他们补子上的飞禽必须朝向他们的右边，这样飞禽才能面对朝堂上的皇帝。正式场合中，当一位文官和他的妻子坐在一起时，他也坐在左边的上位，这时他补子上的飞禽正对着他的妻子。然而，如果妻子服用和丈夫一样的补子，那么补子上的飞禽也会朝向右边，远离她的丈夫。这种暗示显得妻子无礼，这令受中国文化影响的人们从感情上觉得不安，以至于妻子开始服用与丈夫的补子方向相反的补子。这是习俗，而不是规定。这样，她衣服补子上的飞禽就会以礼貌和尊重的目光看着她的丈夫。与之前有关补子的研究不同，我认为服用对称补子的习俗最晚始于明末，而不是在18世纪才出现。清代早期女性补子中这样的实例不胜枚举。

图4-1和图4-2雁补不是一对，只是用来表示一位官员和他的妻子并排坐在一起时服用补子的样子。图4-2是官员的补子，图4-1则是命妇的。太阳的位置表明了服用者的性别。从观者的角度看，太阳在补子的右上角时，该补子为女性服用。当太阳在左上角时，则为男性服用。

对于文官来说，让标识官阶的动物同时面对皇帝和妻子是很容易实现的，因为文官站立或就座时在皇帝或妻子的左边。然而，这对武官来说是个特别的问题。在朝堂上，武官站在皇帝的右边，地位不及文官。为了避免显得对皇帝不敬，一位武官的走兽需要看着这位官员的左边。当这位武官和他的妻子坐在一个正式的场合时，问题就来了。因为此时他坐在左手上位，他补子上的动物并不看向妻子，这比妻子身上的动物不看向丈夫略好一点。根据清朝补子的实例，武官似乎有两种解决办法。一种是让动物的身体指向右边妻子的位置，而头转向左边，面对皇帝。这种折中是一种可行的办法，以避免对皇帝或妻子不敬。杀身之祸是一定要避免的，但"有幸福的妻子才有幸福的生活"（happy wife, happy life）这句话也不能被忽视。

图4-3和图4-4所示的两块彪补同样不是一对，但图4-4显示了同时取悦皇帝和妻子的设计。

显然还有另一种办法可以使皇帝和妻子都满意。这就需要官员用额外的费用购买一套在上朝时穿的服装和另外一套只在与妻子一同出席社交场合时穿的服装。在这种方法中，动物的身体和头部都朝着同一个方向。官员服用的动物向右看，妻子服用的动物向左看，这种排列方式如图4-5和图4-6的两块熊补所示。再次声明，这两块补子不是一对，只是展示了男性和女性的组合。

图4-1　咸丰时期四品文官命妇的雁补（缂丝）

图4-2　咸丰时期四品文官的雁补（丝绣加钉金线地子）

图 4-3　道光时期六品武官命妇的彪补（丝绣）

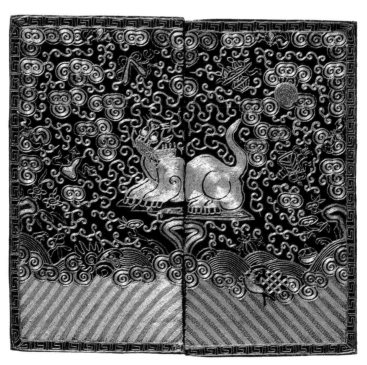

图 4-4　咸丰时期六品武官的彪补（金线绣）

资料来源：德里克·林拍摄，贺祈思提供。

图 4-5 道光时期五品武官命妇的熊补（丝绣）

说明：用于社交活动。

图 4-6 道光时期五品武官的熊补（丝绣）

说明：用于社交活动。

对于研究补子的收藏家或学者来说，这种排列带来的哲学问题是，在这种情况下，人们无法分辨，朝向观者右边的动物，到底是妻子服用的补子还是官员在上朝时服用的补子。这也否定了我们之前说的一个简单的规则，即武官补子太阳的位置。如图4-3所示，妻子补子的太阳在左上角，而在图4-5中，妻子服用的太阳则在右上角。男性的补子方向与之相反，但是太阳也可以在任何一边。

八的组合

如前所述，八被认为是一个幸运数字。世俗社会、佛教和道教都有一套"八吉祥"。在世俗社会中，有八珍和八宝。这组物品因人而异，这表明数字八的传统比物品本身更重要。这些物品可能是圆的或方的钱、绸缎、珊瑚、珍珠、犀牛角、象牙、金锭、如意、玉磬、法轮、万字符（纳粹所用的十字记号指示，被认为是无限的或无穷大）、镜子、书。尽管可供选择的对象范围很广，但它们的种类不得超过八种。

至于补子，在清代的大部分时间里，"八宝"中的物件都很少使用，从雍正时期孔雀补子的细节（图4-7）就可以看出。在这一时期和前一时期的补子中，通常只在江崖的两侧展示一组八件物品中的两件。图4-7的上边是补子的整体，下边展示了宝物的细节。

如图4-8、图4-9所示的鸂鶒补子，19世纪中期补子中宝物的数量增加了。

八个符号与佛教教义有关。它们通常在补子的背景中单独或成对展示。法轮，代表着佛教教义中向极乐世界的转变；法螺，表示佛祖的教诲广布或敬意的呼唤；华盖，象征佛法的获胜和得到福祉；伞，提供保护和给予精神力量；莲花，象征着纯洁；宝瓶，盛有长生不老之药，也是可以实现所有愿望的法器；双鱼，描绘了无拘无束的自由；盘结，表现了佛祖无限的智慧和慈悲。这些符号在龙补及其相关细节（图4-10、图4-11）中有所体现。

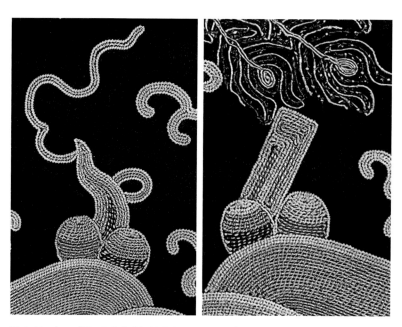

图 4-7 雍正时期三品文官命妇的孔雀补子及局部（钉金线补子）

说明：局部显示了作为财富愿望的杂宝珍珠和犀牛角、珍珠和丝绸（或书画）。

图 4-8　道光时期七品文官的鸂鶒补子（丝绣）

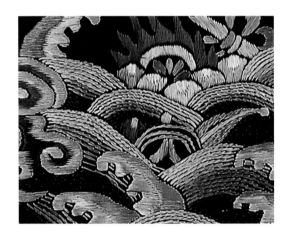

图 4-9　道光时期七品文官的鸂鶒补子局部（丝绣）

说明：分别为如意，珊瑚、金币和珍珠，犀牛角、金币和珍珠，珍珠，法轮、珍珠、丝绸／绘画／图书。

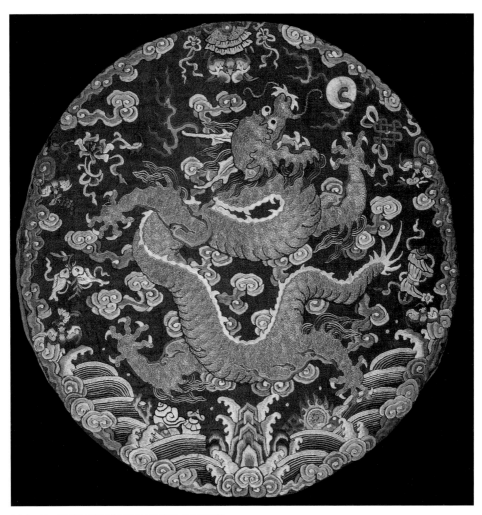

图 4-10　道光时期皇室五爪金龙补子（金线绣）

图4-11　图4-10五爪金龙补子局部（金线绣）

说明：分别为盘结、伞、莲花、双鱼、法轮、法螺、宝瓶、华盖。

道家哲学的八个象征符号源于道家的八仙。钟离权是他们的首领，他是一个赤裸着肚子的胖子，有时手拿桃子，总是带着他用来起死回生的扇子。张果老是一位拥有强大力量的隐士，可以隐身遁迹。他的法器是里面插有两根铁棒的竹筒。吕洞宾是一位书生，他是钟离权的学生。他手持拂尘，背负宝剑。曹国舅是戏曲界的保护神，他手持一对玉板。李铁拐被描绘成一位挂着拐杖的乞丐，他的象征是葫芦和拐杖。韩湘子可以让植物瞬间生长开花，他的标志是笛子。蓝采和是花匠的保护神，他的标志是花篮。何仙姑协助家务的管理，她的标志是荷花。这些神仙本身并没有出现在补子上，他们的标志则被用来代表他们，如御史补子及其细节（图4-12、图4-13）所示。

谐音

玩文字游戏和引用晦涩的文学典故，是作为帝国文官的儒家学者的惯习。在声调语言中，同一个字词可以用不同的方式发音，而赋予不同的含义，因此不同对象内在概念之间的联系就增强了。尽管历史在文学符号的使用中发挥了重要作用，但官补中有许多直接的表达方式。补子使用符号的历史背景和理论基础，将在后面补子设计的演变中加以讨论。这里仅介绍这些符号及其意义。

补子设计中最常见的图案之一是蝙蝠，它借用了表示幸福或祝福的"福"，但与之不同。"福"几乎随处可用。因为红色代表着幸福，所以蝙蝠经常被画成红色。在关于数字的讨论中我们提到，中国人认为人有五福。因为蝙蝠可以被认为是祝福和幸福的谐音，所以五只蝙蝠放在一起就是指五福。尽管对这些祝福的确切解释和表述有所不同，但我们可以通过健康、财富、幸福、长寿和寿终正寝这五点来把握它们的总体含义。

红色的蝙蝠寓意"洪福"。天空中飞舞着红色的蝙蝠则寓意"洪福齐天"。符号及其引用的字不需要完全匹配。在符号及其含义之间添加或删除某些字，可能是官员在设计补子时引入符号的智力游戏的一部分。

图 4-12　戊戌变法时期御史的獬豸补子

图 4-13　图 4-12 獬豸补子局部

说明：用金线编织的八个道教符号，分别为荷花、葫芦和拐杖、花篮／桃子、笛子、宝剑、
渔鼓、玉板、扇子。

其他关于蝙蝠的寓意也很常见。颠倒字音而形成双关语，比如一只倒过来的蝙蝠表示"福到"。蝙蝠和云纹可以视作"福气"。蝙蝠连带云纹，寓意"福气冲天"；蝙蝠从云端下来，象征"福从天降"；一只飞在海面上或海边的蝙蝠表示"福如东海"。有一种不太常见的谐音符号，是把蝙蝠和神山上长出来的桃树结合起来，这个组合的意思是"福如东海，寿比南山"。所有这些谐音的比喻，我们都可从图4-14狮补中看到。

在另一些谐音题材中，蝙蝠嘴里还衔着东西。中国的钱上有眼，一只衔着铜钱的蝙蝠寓意"福在眼前"，不用等待就能获得幸福和财富。神草灵芝也是双关语，一只携带灵芝的蝙蝠寓意"福至心灵"。灵芝在道教看来有长生不老的功效，也可以代表长生不老或长寿。

两块补子及其细节（图4-15至图4-18）显示了蝙蝠携带物品的几种常见寓意。笔与"必"同音，可以表示确定。对于一位服用女性补子的母亲来说，"下笔有福"意味着她的儿子科举得中（图4-16）。方胜为"双升"，寓意胜利，也暗示了驱散邪祟的能力。当然，当蝙蝠和如意搭配在一起时，它代表着所有的幸福愿望都能实现。

蝙蝠和葫芦的搭配存在于一个更隐蔽的谐音组合中。葫芦在这个组合中代表了"福禄"，这里使用了整个词的谐音，而不是单个字。蝙蝠和葫芦组合的意思是"福禄双全"。当蝙蝠和万字符在一起的时候，则表示"万福金安"。这些谐音都在图4-15补子的细节中有展示。

植物是现实景观的自然组成部分，许多植物与生活中的美德和其他祝福微妙地联系起来了。松树是长寿的象征之一。作为一种冬天不会掉叶子的常青树，它也可以代表力量和活力。松树最常见于乾隆时期的补子，但有时也出现在晚清时期的补子上。

图 4-14 道光时期二品武官命妇的狮补（丝绣）

图 4-15　戊戌变法时期五品文官命妇白鹇补子（丝绣）

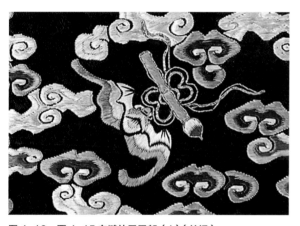 

图 4-16　图 4-15 白鹇补子局部（1）（丝绣）

说明：局部显示了使用蝙蝠图像的各种谐音为福寿双全、福禄双全、逢考必中、趋福避凶。

图4-17 图4-15白鹇补子局部（2）（丝绣）

说明：局部显示了使用蝙蝠图像的各种谐音为幸福如意、万福金安、福在眼前、福寿双全。

图 4-18　同治时期二品文官命妇的锦鸡补子及局部（丝绣）

图 4-19　道光时期六品文官的鹭鸶补子及局部（丝绣）

说明：局部为仙人祝寿。

水仙是一种白色的小花，它与"仙"同音，它只使用了花名中的一个字来表示它和神仙的关系。水仙通常生活在水边，江崖是清代补子上飞禽或走兽的停留地，或者在五行中代表土。二者的组合寓意着"仙人祝寿"。当与松树一起出现时，该组合则寓意着"仙佑永寿"。除了最后一个，所有这些含义都包含在图 4-19 鹭鸶补子中。

灵芝也经常出现在补子中。它是道教长生不老药的成分，因此与长寿有关。据说灵芝在适当干燥后可以保存很长时间，这增强了它与长寿的联系。在补子中，灵芝为开裂的三片状，形状经常与祥云和如意相似，赋予这些设计元素长寿的内涵。在 19 世纪中期，灵芝成为四个符号组合的一部分，这些符号几乎总是一起展示。这四个符号分别是灵芝、牡丹、桃树和水仙，它们每个都有自己的意义。

桃子代指中国神话中的西王母，她居于西部的昆仑山。据说，其后花园的蟠桃三千年才结果，蟠桃成熟后，她会为神仙们举行一场盛宴，凡是享用过蟠桃的人都能长生不老。这个故事的一些版本说，桃树要三千年才开花。因为这个神话，桃子象征着长生。为了加强这种联系，桃子通常以九个为一组展示，正如之前提到的，数字九也与长寿有关。

牡丹花朵很大，据记载隋朝和唐朝时御花园里曾种有牡丹，代表荣华富贵，以及获得更大晋升。如九个蟠桃、牡丹、灵芝和水仙这四种形象常一起出现组成一个图案，寓意"仙人祝寿"。这种组合出现在 19 世纪中期补子的实际设计中。图 4-20 白鹇补子的右边是蟠桃，下面是水仙，左边是牡丹，牡丹下有灵芝。

19 世纪末，另一种植物组合开始流行：桃子、佛手和石榴。佛手是一种具有芳香的水果，在新年里用作供品，可以使房间散发香味。它的中文名字音似"福寿"，结合了幸福和长寿两个意思。石榴是富足的象征，因为它有许多种子，所以也是多子的象征。当三种水果一起出现时被称为"三丰"。在图 4-21 补子中，桃子在练雀的左边，石榴在练雀的正上方，练雀右边的蝙蝠下面是佛手。

因为经冬不凋，竹子成为逆境中勇气的象征。它中通外直的姿态也象征清廉。竹子通常出现在乾隆时期和 19 世纪下半叶的补子上，比如图 4-22 白鹇补子。

莲花通常不会出现在补子的边框内，除非它被作为佛教符号展示。尤其在嘉庆时期，它更多地出现在边饰图案中。因为出淤泥而不染，它成为纯洁和高贵的象征。"莲"字也与清廉的"廉"同音。它还有一种形态是荷花，音与和谐的"和"相同。图 4-23 是一块带有莲花和长寿要素的鸂鶒补子。

物品也可以成为谐音的象征。最典型的是如意，其头部呈灵芝的三瓣状。如意通常由接见民众请愿的官员手持，因此与官员顺应民意在一起，被称为"如意"。装饰有佛教符号的如意如图 4-24 所示。

在图 4-25 狮补中，如意在狮尾下方，还有佛教的法轮。

磬是一种玉质的排形乐器，常呈倒 V 形，有庆祝好运的寓意。还有一种叫作戟的兵器，和西方的戟类似。它们一起组成了"吉庆"一词，意思是吉祥幸福，有时被解读为有好运势和好前程。图 4-26 鸂鶒补子的细节中，可以看到这个有趣的谐音。

瓶寓意平安。戟还与"级"同音。瓶中有三柄戟和玉磬可以被解释为连升三级、平安吉庆。图 4-27 熊补的服用者看来是希望被认作二品武官。

图 4-28、图 4-29 显示了一些更鲜为人知的谐音。左上方的托盘上有两个酒器，它们的名字是一个双关语——爵。它既是古代的三足酒器，也表示贵族的爵位。两个爵则表示连晋两爵。它特别适合使用在武官补子上，因为大多数贵族因军功而起。

图 4-29 的第二张局部图表示的谐音是"钟"，寓意中国古代文化中一位著名神话人物。传说钟馗是一个穷书生，有人给他钱让他参加科举考试。在去考试的路上，他参加了一个寺庙的宴席，喝得酩酊大醉，冒犯了寺庙的和尚。作为报应，他生病了，被邪祟攻击，因此他的容貌发生了改变，变得极其丑陋。后来虽然通过了考试，但由于丑陋的外表被褫夺了官职，他因此

羞愤自尽。然而在地狱里，他受到人们的崇敬，并带领三千鬼兵去找邪灵复仇。因此，他成了降妖伏魔之人，他的名字被用来寓意驱邪避凶。

图 4-29 第三张局部图表示的是如意与万年青，万年青这种植物一语双关。这两者表达了一个愿望，希望能万事如意。最后的局部图表示的谐音是我们熟悉的玉磬和戟。

最后一个主题是财富的象征。早在清代，青铜器就被用作商业交易的抵押品。在雍正帝统治早期，它们作为财富的象征在补子上使用过。图 4-30 白鹇补子的细节显示，江崖两侧有青铜器。

图 4-20 道光时期五品文官的白鹇补子（丝绣）

说明：补子中有五只蝙蝠，代表五福。

图 4-21 光绪时期九品文官的练雀补子（约 1900 年，丝绣）

图 4-22　同治时期五品文官的白鹇补子（丝绣）

说明："竹"谐音"祝"。

图 4-23　嘉庆时期七品文官的鸂鶒补子（打籽绣）

说明：莲花在边框中。

图 4-24　带有佛教符号的景泰蓝如意

图 4-25 道光时期二品武官的狮补及局部（丝绣）

说明：局部为如意、法轮、明珠。

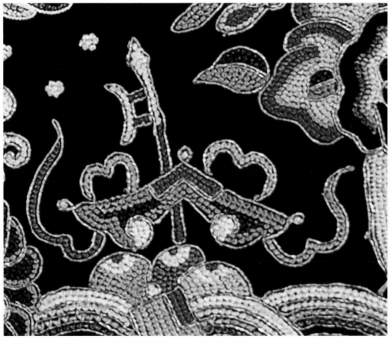

图4-26　道光时期七品文官的鸂鶒补子及局部（丝绣）

说明：局部为戟、玉磬、明珠。

图 4-27　道光时期五品武官的熊补及局部（丝绣）

说明：局部为三柄戟和玉磬，寓意连升三级、平安吉庆。

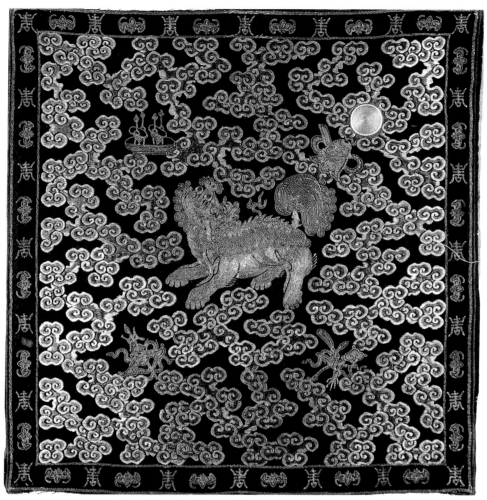

图 4-28　戊戌变法时期二品武官的狮补（金线丝绣）

图 4-29 图 4-28 狮补局部

说明：局部显示了各种谐音——连晋两爵、驱邪避凶、万事如意、吉庆有余。

图 4-30 雍正时期五品文官白鹇补子及局部（织锦）

说明：局部显示了作为财富象征的青铜器。

05 | 明代的补子

关于明朝上朝服饰最原初的法令见于 1368 年，也就是明朝建立的那一年，但其中没有提到补子。1391 年修订的规定中，首次对补子服用做出了规定。文官用飞禽，象征文采；武官用走兽，象征勇猛。明朝的规则是常服包括红色完整剪裁的长袍，上面加上缂丝或刺绣的方补，代表穿着者的级别。

一般情况下，明朝补子在胸部和背部都是完整的，因为明朝官服开口在右侧，所以没有必要分割胸前的补子，但织锦的官袍例外。在一些情况下，补子是袍子整体织物的一个组成部分。在这种例子中，补子会被袍子的中间缝一分为二，因为当时的织布机幅宽只能一次性织成袍子的一半。那些整幅的明朝补子并不是正方形的，而是有点像梯形。当这种情况出现时，补子的顶部比底部稍窄。

尽管明朝对官员家属服用的补子并无明文规定，但在现存明朝的肖像画中，妻子服用的补子与丈夫的一模一样。虽然大多数肖像画符合惯例，但我们很快发现，有对补子偏离了这一模式。

明朝的典制中没有提及补子上对应品级的动物数量，这导致明朝补子上的飞禽多则三只，少则一只，不过大多数补子上还是只使用一只动物。

当试图确定一组补子的时间顺序时，我发现求助于背景中的元素很有用：云纹和波纹的形态，土地的形态，以及设计中的其他次要图案。既然补子是按照个人的规格制作的，那么特定的元素很容易表达个人的特殊品味。而且，那些可能不被特定重点规范的元素，更有可能代表补子的时代风格。所以我发现，专注于次要元素的内容，是为一组补子匹配相关年代的最可靠方法。

推断补子式样的年代序列要依据大量的实例，这样能够识别偏离典型的情况。不巧的是，明代的补子十分少见，所以这不太现实。因此，任何试图确定明朝补子式样演变的尝试，最多只算是有根据的推测。为所有补子匹配年代是不太靠谱的做法。但即便受到这些限制，我还是在后文设置了一个明代补子的合理序列。

图 5-1 补子中是一头獬豸，它具有明代走兽鬃毛和尾巴直立的特点。比起清代，这种走兽的形态在明代补子上更为常见。它的云纹非常程式化，也没有水纹和太阳。太阳直到明代晚期才出现在补子上。夸张的鼻孔或长长的龙鼻在明朝官服上的走兽或龙袍上的龙身上很常见。因为明朝的补子上通常有多种动物，飞禽和走兽朝向的规则也没有被严格遵守。但这头獬豸面朝服用者的右边，这通常比较适合文官，因为他们在朝堂上站在皇帝的左边，獬豸会面朝皇帝。

图 5-2 是一块非常规的补服，上面有三只标志着六品的鹭鸶，而补服上很少出现三只飞禽。这些鹭鸶有光滑的头部和单片的头部羽毛，这是一种描绘鹭鸶的方式。云纹仍然是高度程式化的形式，但比图 5-1 更紧凑。底部的溪流纹饰代表水。然而，扎根于土地的花朵纹饰暗示汀渚的存在。

图 5-1 明代御史的獬豸补子（金线地丝绣）

资料来源：德里克·林拍摄，贺祈思提供。

图 5-2 明代六品文官有三只鹭鸶的补子（丝绣）

资料来源：德里克·林拍摄，贺祈思提供。

图 5-3 展示了一头侧卧的麒麟，这可能是明朝勋戚的象征。只有在明朝的补子中，动物才被绣成坐着或躺着。尽管只看到一只角，但我们可以肯定这种动物是麒麟。因为通过它身上的蹄子和鳞片，我们可以更确定地鉴别它的身份。另一种有角的动物獬豸没有鳞片，其下肢是爪子而不是蹄子。此处与神兽有关的火焰纹出现了，它们与流云纹融为一体，因这些设计都是用金线制作的，所以有些难以分辨。由于勋戚在朝堂上没有特定的站位，所以没有规定补服上的走兽应该面对哪个方向。补子中的云呈标准的灵芝形状，海水在麒麟下面呈流动状。在补子的角落里，地面由两边的江崖来代表，这两处江崖上长出了植物。补子中没有太阳。这是我们第一个中分的织锦补子的实例。

图 5-4 中的动物也是麒麟。因为它的两个角都显现出来了，所以更容易辨认。延伸在它的肩膀和臀部的红线，是这种与神话有关的动物的火焰纹。云纹则以灵芝的形状，沿着补子的整个顶部延伸。它五色缤纷，展示了补子的吉祥寓意。地由三座江崖代表，而这三座江崖又将底部的水分隔开。麒麟的姿态很奇怪，因为它与任何陆地都没有接触，但它又似乎是卧着的。因为这头麒麟的姿势是图 5-3 中麒麟的镜像，所以这可能是第一块女性补子的实例。补子中代表神圣的灵芝在下方两侧的角落里。补子的右上角有修复的痕迹。

注意鬃毛和尾巴末端的直毛，可以识别图 5-5 是一块五品武官的熊补。这块补子的工艺水平不如前面的补子，但设计细节与图 5-4 中的麒麟相似。云纹保留了与图 5-4 一样的灵芝形状，但尾后的流云更宽。与图 5-4 相比，这里三座江崖和水纹的渲染更简单。补子下方两侧角落都出现了灵芝。

图 5-6 是一条正面五爪龙，是明朝成年皇子的象征。必不可少的火焰纹此时已经出现。龙的后腿贴近龙身，但前腿则伸向空中。大头、尖眉是明朝龙的典型特征。龙的身体缠绕着一颗冒着火焰的宝珠。通常的解释是，这是龙追求的真理之珠。宝珠有时能更清晰地显示服用者的等级。如果宝珠和龙同时出现，那么说明服用者与皇帝或皇室直系亲属有联系，因为只有他们才能拥有宝珠的所有智慧。云纹变得越来越宽，基本不可见之前补子上的灵芝形状。

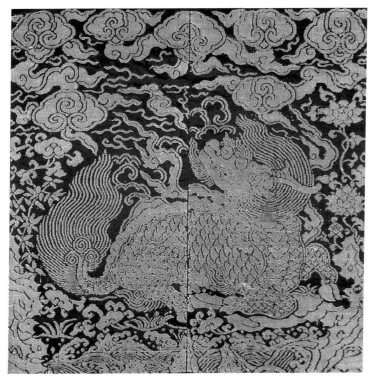

图 5-3 明代勋戚的麒麟补子（金线织锦）

图 5-4 明代勋戚女性补子上的麒麟（丝绣）

资料来源：德里克·林拍摄，贺祈思提供。

图 5-5　明代五品武官的熊补（丝绣）

资料来源：德里克·林拍摄，贺祈思提供。

图 5-6　明代皇室用的五爪龙补（丝绣）

资料来源：德里克·林拍摄，贺祈思提供。

此时的水表现为大海的汹涌波涛，而不是类似河流或小溪。水拍打着江崖，水花延伸到空中，如同巨浪撞击海岸。这里，土地仍然被描绘为三座江崖。

图 5-7 是明代另一位明代成年皇子所用的龙。这是锦缎补子的第二个实例。龙腿上的火焰是红色的，但宝珠周边和延伸到龙身上的火焰纹是蓝色的。这也许可以理解为是一种艺术的加工，以便形成一块颜色上更连贯的补子。龙眉没有像图 5-6 中那样分开，但仍有尖的特征。云纹在外观上不那么程式化，显得更自然。财富的符号——杂宝首次被引入补子：龙的前爪左上方有一块珊瑚，右上方是一枚钱币；左下角有一个元宝；右下角还有一对犀牛角。钱币和犀牛角都位于龙的后脚上方。水中还有其他杂宝。水纹为常见的形状，但轮廓比图 5-6 更对称。竖直的江崖是相似的，但在颜色的选用上发生了变化。

图 5-8 中这头神秘的走兽有爪而非蹄子，且没有鳞片，所以它是一头獬豸。将其与图 5-3 中的麒麟进行比较，有助于明确两者的区别。尽管这两幅图都只显示了一只角，但它们的身体和爪很容易辨认。这种神秘动物的火焰纹从它的肩膀延伸到空中，腰部的火焰纹则紧贴身体。水纹和江崖与前面的例子一样，但是江崖的曲线更加明显。水面上出现了一小片植被。最引人注目的变化是云纹的形状，这块补子的云纹非常丰富多彩，形状多样。它们由螺旋状、灵芝状和逐渐变细的形式组合而成。

图 5-9 是我们第一个一对飞禽的补子实例。两只鹤正在飞行，这是描绘一对瑞禽的惯用方式之一。这块补子中的植物比前面例子中的更突出。因为飞禽和花占据了大部分图面，所以云纹并不像前面的补子那样多且明显。由于云纹在这块补子中没有整体出现，于是云纹的尖锐末端更明显地表现出来。江崖被减少到两座，水——特别是水花部分以高度程式化的方式呈现。

图 5-10 是熊补。我们注意到，它的鬃毛和尾巴末端是直的。但同时我们也发现，它的尾巴底部有卷曲，也许是它的主人希望它被误认为是狮子。比起清代，明朝走兽的鬃毛和尾巴毛发更难被误认为狮子。火焰纹从它的身体发散出来，与云纹和花朵中的红色混合在一起。陆地表现为支撑着熊的地

图 5-7 明代皇室用的五爪龙补（缂丝）

资料来源：德里克·林拍摄，贺祈思提供。

图 5-8 明代御史的獬豸补子（缂丝）

资料来源：德里克·林拍摄，贺祈思提供。

图 5-9　明代一品文官的双鹤补子（缂丝）

资料来源：德里克·林拍摄，贺祈思提供。

图 5-10　补子中的熊（缂丝）

说明：可能属于明代一位五品武官命妇。

资料来源：德里克·林拍摄，贺祈思提供。

块。水只占据了补子的右下角，以波涛汹涌的形式出现。云纹第一次延伸到水面。云纹结合了前一块补子的尖锐顶端和之前所示补子中的旋涡造型。植物的表现是为了与补子的配色相融合，而不代表真正的花朵。当它的服用者在皇帝的右边时，这只熊不会朝向皇帝，因此这很可能是命妇的补子。这也是明朝补子中反映官场和社会需求之间妥协的第一个实例，这点在"补子的图像"一章中已经讨论。

图 5-11 补子中是一对鹭鸶，头部光滑，头部有一片羽毛。如将此补子的背景图案全部简化为云，近似清朝戊戌变法时期补子的风格。云纹的设计中，每朵云都以一个宽色条的螺旋展延开来，云纹覆盖了整个背景。显然，这里没有表现水和土地。

图 5-12 展示的是一对凤凰，这是明朝公主的象征。这块色彩丰富、保存完好的补子是描绘一对飞禽的实例，表现了一只在飞行、另一只在休息的姿态。奇数代表雄性，雄性凤就是奇数尾羽，边缘呈锯齿状。雌性凰则为偶数尾羽，末端有卷曲，这块补子中有四根。通常情况下，代表男性和阳的凤会表现为主动飞行，而代表雌性和阴的凰则表现为被动的栖息。然而，在这里角色却互换了。此外，雌凰的地位比雄凤高，因为凰有四根尾羽，而凤只有三根。为了解释这种反常态，我们可以推测，明朝公主可能想用这种微妙的方式来表达她的权力和权威。色彩艳丽的云纹表现为螺旋形式和尖锐的末端，我们已经在前例中见过。这里云纹也出现在补子的底部，水则被描绘成大海深处的波涛。土地由下方两个角落里的锯齿状形状表现。在图案中，占据中心点的花朵与左下角的灵芝相互呼应。

图 5-13 的两块补子是独有的。它们是我见过的唯一夫妻组合的明代补子。它们的大小和形状不同，这就排除了它们是同一块补子的两部分的可能性。下边的补子是勋戚的标志，它应该向着服用者的右侧，这样在朝堂之上，如果勋戚站于尊位，它可以凝视皇帝；在社交场合，它则与妻子的麒麟对视，因此妻子的补子复制了勋戚补子的设计。图中所示动物的身份还有待

商榷，无法百分之百判断它是獬豸还是麒麟。它只能看见一只角，但此形制麒麟的例子比比皆是。这只动物的脚部显然是蹄子，这使人倾向于称它为麒麟。然而，它唯一能显示的鳞片，仅限于臀部后方被火焰包围的一小块区域。服用这块补子的勋戚，可能试图通过模仿獬豸的方向和姿势来通过审查。由于大多数勋戚都来自成功的武官，这个人应该敏锐地意识到，相对于不受尊重的现任和离任武官，文官显然更受重视。

在这块补子中，彩色的螺旋形云纹横跨整个背景，一直延伸到水面。陆地是麒麟栖息的岩石以及麒麟身后角落里的斜坡地面。在坡地的底部附近有一朵小小的灵芝。

图 5-14 是我们第二个明朝公主补子的实例。这幅画上是两只凤。然而与图 5-12 不同的是，这里的两只飞禽都是雄凤。它们被描绘成相同的姿势，因为看不到脚，所以我们不清楚它们是打算栖息在江崖上，还是在它旁边徘徊。这块补子是分开的。补子的两半可能是在不同的时间或由不同的人制作的，因为补子底部的两个设计在颜色和形式上并不完全匹配。这可能是这块补子织锦的原因，即补子的两个部分是在不同的织机或是不同的时间在同一台织机上织造的。大朵的牡丹代表财富和繁荣，它们占据了较大面积，以至于云纹被限制在补子的顶端和底部的狭窄地带。云的螺旋图案符合前面几块补子的示例。补子中的一块江崖和两块倾斜的地块共同构成了天地的三大元素。

我们根据大小和配置判定图 5-13 为一对夫妻补子。同理，图 5-15 毫无疑问是由一块补子的两半组成的。因为这两部分都太窄，不能单独成为补子，而且两部分的图案非常一致。毫无疑问，它们共同构成了一块补子。这两头熊是五品武官的补子。然而请注意，每头熊的鬃毛底部都有卷曲，这类似于图 5-10 熊补中尾巴底部的卷曲。云纹出现在补子顶部和底部，就像图 5-14。牡丹则比图 5-14 的更具风格。这块补子与图 5-14 在设计上的主要区别在于，这里的江崖横跨画幅并连接两侧的两个斜坡地块，在每个斜坡的中心附近都放置了一朵灵芝。

图 5-11　明代六品文官的鹭鸶补子（缂丝）

资料来源：德里克·林拍摄，贺祈思提供。

图 5-12　明代公主补子上的一对凤凰（缂丝）

资料来源：大都会艺术博物馆。

图 5-13 明代勋戚夫妻的一对雌雄麒麟补子（缂丝）

说明：这是极其罕见的成对补子。

资料来源：德里克·林拍摄，贺祈思提供。

图5-14　明代公主的一对凤凰补子（缂丝）

资料来源：德里克·林拍摄，贺祈思提供。

图5-15　明代五品武官的两只熊补子（缂丝）

资料来源：德里克·林拍摄，贺祈思提供。

图 5-16　明代皇室低位成员的四爪蟒补（缂丝）

资料来源：德里克·林拍摄，贺祈思提供。

图 5-17　明代六品文官命妇的鹭鸶补子（缂丝）

图 5-16 四爪蟒补有许多不寻常的地方。例如，它的火焰纹都是蓝色的。虽然前面的例子也出现了一些蓝色火焰纹，但这是第一个所有火焰都是蓝色的实例。这可能是为了将火焰与补子的红色背景区分开来。第二个显著的特点是粉红色的大量使用。在一些纺织品中，看起来是粉红色的区域，实际上是日晒褪色后的红色，但由于这块补子中的红色是完整的，所有的颜色都被奇迹般地保存了下来，所以这里的粉红色可能是原来的颜色。最后，这条龙的身体向观者的左侧弯曲，而不是像我们之前看到的龙那样向右侧弯曲。所有这些因素使人推测，这块补子是为一位皇室低位成员的夫人制作的。在这种情况下，这块补子可能是其丈夫补子的镜像，就像图 5-13 中的那对麒麟。尽管传统观点认为，妻子服用镜像补子的做法是清朝的创新，但我们已经看到了明代的三个例子。下面的补子将进一步证明我的观点。

图 5-16 这块补子中的云纹被限制在顶部的狭长区域。江崖和倾斜的山坡表现了陆地这一元素，而这种表现色彩比以前更加绚丽。在龙的左后膝关节下的水里有一颗黑色的宝珠。

我们最后的明代补子实例是图 5-17 所示的鹭鸶补子。这也是一块罕见的明代补子。最引人注目的是它有一个太阳纹，这是本书中第一个有太阳纹的明朝补子。太阳纹的位置表明，这块补子是为一位命妇制作的。如果一位文官在上朝时使用这块补子，鹭鸶会让皇帝的目光移开，而这并不是一个有利于前途的行为。所以，这块补子显然是为命妇制作的，这是我们展示的第四块明朝妻子服用的补子与其丈夫补子呈镜像的实例。

这些云纹的边缘呈波浪状，两端则是尖锐的，这预示清代补子的演变。我们还可以看到，在靠近鹭鸶头部和补子右侧的翅膀处，云纹呈灵芝状。两侧彩色、倾斜的土地与图 5-16 蟒补相同，并与前面五个例子中土地的设计相似。然而，中间的石头是镂空的，代表了灵璧石，这是一个设计上的创新。我们发现鹭鸶左边的水里有两颗颜色不自然的珍珠，右边的水里有一颗宝珠和一卷丝线。海水的颜色比前面的补子更丰富。

06 | 顺治时期的补子

顺治帝六岁登基，他的继位是清代议政王大臣派系相争后妥协的结果。在清朝入主中原的头 8 年里，其重点是击败明朝的效忠者及南明那些自立为帝的朱氏皇子。因此，直到 1652 年，清朝才颁布了第一部有关朝服的规定。在这头 8 年里，补子基本上因循了明朝的旧制。

顺治帝并不是一个强有力的领导者，即便在他的叔父摄政王多尔衮 1650 年去世而他完全控制了朝廷后，他也未展现这方面的天赋。这位皇帝是一位虔诚的佛教徒。因为人们认为腐败是明朝败亡的原因之一，所以他一直试图控制腐败。事实证明，他在这方面的努力并没有比大多数皇帝更成功。

比起明朝，我们有更多清朝补子的实例，可以更清楚地了解补子设计的演变，并注意到每位皇帝统治时期与之相关的独特风格。虽然这些补子总体上并没有明显的不同，但每位皇帝都为自己在位期间的补子打上了独特的印记（1796 年即位的嘉庆帝是个例外）。其中具体的机制我们尚不清楚。可以明确的是，皇帝通常会支持御匠，也许他们会让这些御匠表现皇帝的个人品味。但无论采用何种方法，每朝都有独特的风格。

在清代，方形的龙补是宗室的标志，高阶宗人则使用圆形龙补。虽然这是一个有争议的问题，但我相信，低阶宗人也会在圆形补子上配饰动物。关于这个话题，我们将在第 13 章涉及皇子补子时进行更详细的讨论。

尽管在分析补子时没有普遍适用的规律，但它们的设计演变仍遵循了大致的模式。这些模式很复杂，因为实际上有三个不同的系统在同时发展：文官、武官和王公贵族。他们的补子都倾向于总体模式相同，但互相也存在差异。举例来说，太阳纹迅速成为清朝补子的标准特征，文官在武官之前就采用了这一图案。随着设计的发展，其他细节也得到呈现。

图 6-1 补子中是一只标识二品文官的锦鸡。顺治帝统治时期的大多数补子有一条或两条细金线边框。由于这块补子没有边框，所以很难辨别它到底是失去了边框，还是沿用了明朝旧制没有使用边框。云纹的形态与本书第五章最后一块明朝补子（图 5-17）中的云纹相同。在这种设计中，这些形状的云纹与其他云纹连接在一起，形成一种相互连接的杂乱形式。太阳的位置表明，这是为命妇制作的补子。进一步说明在明末创新使用镜像补子后，该做法很快被清朝的文官采用。清朝早期补子中出现太阳纹，与既往公认的说法矛盾，即太阳纹直到 18 世纪中期才被引入清朝补子。

在这块补子中，显然中央的岩石支撑着锦鸡，这与明代那些通常浮在地面和水面上的飞禽和走兽形成鲜明对比。中心的岩石是被镂空的灵璧石，可以参见第 5 章的最后一块补子（图 5-17），该补子中介绍了这个新的元素。人们还应该注意到，这种锦鸡有三根尾羽，而不是后来制式化的两根。两侧的山崖与明朝补子上的非常相似，它们的边缘都呈波浪状，而不是直线的。中央灵璧石的两侧有若干杂宝，这是这块补子与图 5-17 所示补子的另一个共同特征。

低等王公的四爪蟒补如图 6-2 所示。它与第 5 章最后那块补子（图 5-17）有更多的相似之处，而与图 6-1 锦鸡补子反而没有那么像。此外，与锦鸡补子相比，L 形云纹的形状明显减少。中央镂空的灵璧石被三座江崖所取

图 6-1 顺治时期二品文官命妇的锦鸡补子（丝绣）

图 6-2 顺治时期王公的四爪蟒补（织锦）

资料来源：德里克·林拍摄，贺祈思提供。

代，这也反映了明朝的遗留。和所有清朝王公补子一样，它没有太阳纹。水呈现为不对称的驼峰形状，这种形状在之后大约一百年的时间里是海水的主要形状。

将图 6-3 和图 6-4 与图 6-1 补子联系起来看，我们发现和图 6-1 中的云纹一样，连续不断的云纹被从中间分开，边缘则变成更大的波浪形。L 形云纹大量存在而且现在仍然清晰可见。但这两块虎补没有图 6-1 或图 5-17 有的太阳纹，这说明文官和武官的补子是各自沿着独立的路线发展的，步调并不一致。补子采用了金色地子，这将成为之后近九十年补子总体设计的一部分。支撑老虎的中心岩石被镂空。虽然老虎的身体没有什么装饰，与它们实际橘色的皮毛不一致，但这可能是故意为之，以便与金色背景形成对比。没有证据表明，当时采用孔雀羽线或金银线来加强老虎的外观。为了避免被神话动物超越，这两块补子都有火焰纹，但火焰与宝珠相连，与老虎的身体分开。这种结构可以避免违反火焰只出现在神兽身上的规则。小巧的杂宝位于老虎和水之间的区域：在图 6-3 上图中，三颗小宝珠位于老虎的肚子下方，一个金元宝在它的后腿附近。此外，在中心岩石左侧的水中，我们还发现了一卷丝绸，在它的右侧有一颗宝珠、一只犀牛角和另一卷丝绸。类似的元素也可以在图 6-3 下图中找到。在文官和武官的补子中，这对补子是第一个有边框的实例，即使上图中有一条细金线，而下图中有两条。上图中，老虎额头上确实有"王"的符号，即使在这个实例中，符号被横纵线段形成的空间所分割，纵线本身也被分割成三部分。较小的老虎额头上还有一颗星。

如图题所示，这两块虎补的来源不同。但是，它们非常相似。它们按精准比例绘制，较小的补子边长大概是较大补子的三分之二，这使得它的面积不到较大补子的一半。对于这种大小上的差异，我能想到两种解释。一个比较显而易见的猜测是，小的一块给清军中身材矮小的武官服用。但与这种猜想相左的是，明朝对军旗有最低高度的要求，所以有人认为清朝也有类似的限制。第二种猜测更复杂也更有趣。如前所述，明朝的朝服规定中，对家族补子的问题只字未提。此外，在顺治帝统治的最初几年，在很大程度上因袭了明朝的规定，直到 1652 年才公布了清朝自己的服饰制度。因为在清早期并没有明确禁令，所以可能有一位富有进取心的清朝武官，决定为他的儿子制作一块补子，以期他的儿子最终接替他在军中的职位。虽然图 6-3 中的两只老虎之间有很多的不同之处，它们可能不是父子组合，但那些相似之处也表明，可能不止一名武官想要为他的儿子谋求一个未来的职位。

图 6-4 是块六品文官的鹭鸶补子。它有金色的地子，镂空的中央岩石，与图 6-3 相同的细金线边框。它的右上方有太阳纹，这个位置表明这是一块命妇的补子。两边的山崖比前面的例子更接近明制。水纹和浪花正在发展成之后近一百年内的标准形式。在中心岩石的两侧有若干杂宝：左边是一串三颗的珍珠、一颗宝珠和一个犀牛角，右边是一卷丝绸和一块珊瑚。这块补子的云纹比之前的要少，它最有趣的地方可能是在云层中引入了彩色的水平线。这些线条的意图或含义并不清楚，但它们可能是即将到来的某种设计变化的先兆。

图 6-5 是七品文官的鸂鶒补子。太阳的出现表明，这块补子是为文官制作的。之前实例中的金色地子不见了，边框也几乎看不清。由于大多数官员从七品开始他们的官宦生涯，所以可能这位有抱负的官员此时正处于他仕途的起点，没有足够的财富为补子制作一个金色地子。侧面的江崖不见了。在图 6-4 鹭鸶补子中看到的水平线，现在又被合并到云层中。鸂鶒的体型很大，所以不可能出现很多云。水和中心岩石则延续了标准形式。

图 6-6 展示了一位命妇所用的孔雀补子。这块补子仍使用了之前金色的地子和双线边框，并延续了云层中的水平条纹。云纹本身已经形成了交叉 Z 形云纹，这将成为康熙年间云纹的典型形状（详见本书第 7 章）。这补子上的杂宝图案都在水中，这一惯例也将被延续到康熙时期的补子上。其他设计元素保持不变。我们可以明显看出，这块补子被分成了两片，之间有明显的中缝。这样做是为了让一些布料可以包裹在补服的边缘之下，使补服有平滑的

图 6-3　顺治时期三品武官和他儿子的两块虎补（缂金）

资料来源：德里克·林拍摄，贺祈思提供。

图 6-4　顺治时期六品文官命妇的鹭鸶补子（织金锦）

资料来源：德里克·林拍摄，贺祈思提供。

图 6-5　顺治时期七品文官的鸂鶒补子（丝绣）

资料来源：德里克·林拍摄，贺祈思提供。

图6-6 顺治时期三品文官命妇的孔雀补子（丝绣）

资料来源：德里克·林拍摄，贺祈思提供。

图6-7 顺治时期三品文官命妇的孔雀补子（织金锦）

说明：这块补子是一对中的一块，由于生产技术的原因，两块补子都是分开的。

图6-8 可能是顺治时期三品武官的虎补（织锦）

资料来源：德里克·林拍摄，贺祈思提供。

边缘。这种中分也导致了顶部云纹所用的蓝色有所差异。

顺治时期的最后一个文官补子的实例，是三品文官命妇的孔雀补子（图 6-7）。它有金色的背景和细细的边框，水和陆地形态基本保持不变。水中放置了一些杂宝。云层中的水平线已经消失了。设计上另一个重要的变化是，将太阳纹和云纹结合起来。

图 6-8 中的老虎仍然保留了许多明朝的元素，而它云纹的形态表明，这块补子与明朝的补子之间有明显时间差距。保留了明朝的图案也许表明，至少一些武官比文官更为保守，接受新风格的速度更慢。这块补子延续了武官没有太阳纹的传统，没有使用镂空的中央岩石，而是用了明朝风格的江崖，并表现了一只蹲在地上的老虎。交叉的 Z 形云纹和杂宝图案表明，这块补子是在顺治帝统治后期制作的。

07 | 康熙时期的补子

　　康熙帝是中国历史上有史记载的在位时间最长的皇帝。神话中的三皇五帝的统治时间更长，但这些人并没有信史传世。康熙帝通常也被认为是历史上最成功的皇帝之一。然而，如果考虑到当时艺术的活力与知识分子的情况，这一时期的中国文化在创新性上就逊色了。虽然康熙帝在位期间总体上是成功的，但补子设计的发展是一个缓慢而稳定的过程。在其漫长的统治时间里，补子的变化并不大。太阳的位置、云纹的式样和飞禽的姿势有一些小的改动，但没有什么根本变化。也许这可以解释为，在新的少数民族政权——清的统治中，主要精力还是用于巩固统治。在这种情况下，我们就可以理解，即使在艺术领域，一致和可靠比超越更为重要。

　　从设计的角度来看，比起康熙时期的补子，图 7-1 麒麟补子与顺治时期最晚的实例（图 6-8）有更多相似之处。在明朝和清顺治时期，麒麟是低阶宗人服用的补子。此时的设计很可能是圆形的，而这块补子是矩形，所以把它列入康熙时期。相对朴素的背景、平卧的麒麟、侧面的群山、没有太阳纹等特征，其实更符合明朝补子的特点。然而，交叉的 Z 形云纹是典

图 7-1　麒麟补子（丝绣）

说明：可能为康熙时期一品武官所用。

资料来源：德里克·林拍摄，贺祈思提供。

图 7-2　康熙时期五品文官的白鹇补子（平金地彩绣）

资料来源：德里克·林拍摄，贺祈思提供。

型的康熙时期补子的特征。这块补子的空中和水中包含了杂宝图案，这也延续了顺治时期的设计。

玄烨八岁继位成为康熙帝。在康熙元年，麒麟取代了狮子，成为最高品级武官的补子。正如本书第3章所述，这一变化背后有着政治考量，因为根据传统，麒麟只有在圣人诞生和国家有优秀统治者的时候才会出现。由于新皇帝上任后所有的高级武官都服用麒麟，这个宣传策略预示着年幼皇帝将会有伟大的成就。而这一预测在很大程度上确实实现了。

图7-2是块五品文官的白鹇补子。补子是为官员制作的，它展示了康熙时期补子的特点。这些特点使康熙时期的补子在整个清朝补子中最引人注目和印象深刻。大画幅、明亮的颜色、式样的优化组合、醒目的金色地子，以及频繁使用孔雀羽线，使这一时期的补子一目了然。一些学者认为，使用孔雀和金线并不是官员的自主选择，而是由于南明的抵抗，丝绸产区和城市遭到破坏，从而导致了丝线短缺。不过如果这一说法成立，那么在清朝刚建立时，这种短缺一定更加严重。但正如我们看到的那样，在顺治帝统治期间，金线和孔雀羽线的用量并不多。此外，如果丝线的短缺导致了这种转变，那么当短缺缓解时，这种设计就会改变。然而在康熙帝统治的六十一年中，任何时候都没有发生这样巨大的变化。这些观察似乎动摇了传统的论点，我们只能得出这样的结论：康熙时期补子的奢华外观正是官员想要的。

图7-2这块补子上的白鹇有一组不同寻常的原生态尾羽，后来的白鹇尾巴就不再这么富有动态了。目前还不清楚这块补子是失去了边框，还是沿用了早期的简单式样。补子上缘的云纹形式是我们所谓的交叉Z形云纹，这是康熙早期和中期的典型设计。围绕这些的是L形云纹，承袭了明朝和顺治时期的做法。这块补子中还可以找到L形云纹的镜像。引人注目的金色背景由金线织成。在设计中，它似乎从中心的白鹇、云、岩石和水辐射出来。有趣的是，孔雀羽线的使用仅限于支撑白鹇站立的镂雕岩石。和顺治时期的做法一样，在空中或水中可以看到杂宝。然而，这块补子中只有一种宝物——画

轴，它被布置在半空。

图 7-3 这块孔雀补子是为三品文官制作的。这块补子是本章所示的康熙时期补子中第一个有醒目、明确边框的。这块补子的回字纹也将成为 19 世纪中期的标准边框纹饰。杂宝被限制为两个，并转移到水中。在这块补子里，大多数交叉的 Z 形云纹同时使用灵芝形状作为基本样式，以此来代表长寿，并通过使用红色来模拟金元宝。太阳远离其他设计元素。

图 7-4 也是块文官的孔雀补子。这里我们注意到了一些变化，比如卷云纹组成的边框，这也是这一时期最常见的边框纹饰；主要的交叉 Z 形云纹被更多的 L 形云纹连接起来；太阳、杂宝和水的形态保持不变。

图 7-5 是块为六品文官制作的鹭鸶补子。虽然边框纹饰回到了顺治时期的简单线条，但在这块补子中，太阳遮入祥云的形式是一种创新，这种形式会一直延续下去。交叉的 Z 形云纹仍然是这块补子采用的主要形式；杂宝和水的表现形式与之前的例子一致。不同于之前的补子，其金色背景中包含了细小的浪花，这似乎是背景做法的一个特例。

图 7-6 是块颇具康熙时期特色的麒麟补子。补子里出现了象征神兽的火焰纹。像常例一样，麒麟并没有看向太阳，而是盯着观者。太阳也插入云层。边框已经恢复到当时典型的卷云纹。孔雀羽线只存在于镂雕的岩石和补子两侧的岩石中。云纹显示了康熙时期的普遍变化，在补子的上下两部分都有交叉的 Z 形云纹，L 形云纹也仍然存在。这块补子保存完好，鲜艳的颜色是这个时期补子的典型特征。

一品文官的鹤补如图 7-7 所示。左上角的太阳遮入云中，表明这是一块官员的补子。这块补子的创新之处在于，鹤形成了一个威严的圆形图案，这可能是为了强调这位官员是天子亲近的臣下和奴仆。补子上装饰着孔雀羽线，这些细丝被缠绕成线，并融入构图。在这块补子中，孔雀羽线用在了鹤的颈部，翅膀上的纤毛上，以及镂空的岩石中。杂宝在数量上受到限制，区域也仅限于水中。水纹的形态呈驼峰状，这种样式将在康熙时期持续存在。

图 7-3 康熙时期三品文官的孔雀补子（平金地彩绣）

图 7-4 康熙时期三品文官的孔雀补子（平金地彩绣）

资料来源：德里克·林拍摄，贺祈思提供。

图 7-8 与图 7-7 的鹤补在很大程度上有着相同的样式。这块补子的特点在于，它是为一位命妇制作的，并且在边框上添加了孔雀羽线。然而应该注意的是，交叉的 Z 形云纹占据了补子上部的主要位置。虽然 L 形云纹及其对称云纹数量上增加了，但它们仍然处于较低的从属位置。这种样式在之后会变得很重要。

图 7-9 是一位三品文官命妇的孔雀补子。与之前的补子相比，它的边框有显著的变化。这位命妇显然希望补子上宝物比标准所允许的更多，所以她下令将卷云纹框换为金钱绶带。这让她在尽量不偏离常规的情况下，增加了对财富的希冀。我没有在这一时期的其他补子上看到这种边框。这块补子的大多数云纹是 L 形的，但交叉的 Z 形云纹仍然在补子顶部的显著位置。对太阳的处理、补子上的杂宝、孔雀羽线的装饰，以及水纹的形式都符合那个时代的普遍特点。

图 7-10 为二品文官的锦鸡补子。这块补子缺少边框的上半部分，但其余部分清楚地表明，它符合此序列中补子的卷云纹边框。我们注意到，这只锦鸡有三根尾羽，图 6-1 中的也是如此。就像孔雀补 (图 7-9) 一样，大的交叉的 Z 形云纹数量超过了 L 形云纹。其他元素则一致。

图 7-11 豹补代表了三品武官。这块补子是为一名武官制作的，他可能计划只在社交场合使用它，因为此时他会被安排在左边的上位。这应该是他和妻子坐在一起时的位置。他不太可能在朝堂上服用这块补子，因为这只豹没有直视皇帝，这是一种隐含的不敬，可能会让服用者付出生命的代价。这块补子上的大多数设计元素是这个时期的典型，但有两个特点值得注意。第一个是金色的背景不再绘制图案，而是将金线平铺在补子上，这是康熙后期常用的方法。第二个需要注意的特点是，一条金线做边框的这种复古的做法。

图 7-5　康熙时期六品文官的鹭鸶补子（平金地彩绣）

资料来源：德里克·林拍摄，贺祈思提供。

图 7-6　康熙时期一品武官的麒麟补子（平金地彩绣）

图 7-7 康熙时期一品文官的鹤补（平金地彩绣）

图 7-8 康熙时期一品文官命妇的鹤补（平金地彩绣）

资料来源：德里克·林拍摄，贺祈思提供。

图7-9 康熙时期三品文官命妇的孔雀补子（平金地彩绣）

资料来源：德里克·林拍摄，贺祈思提供。

图7-10 康熙时期二品文官的锦鸡补子（平金地彩绣）

资料来源：德里克·林拍摄，贺祈思提供。

图 7-11　康熙时期三品武官的豹补（平金地彩绣）

说明：豹由孔雀羽线绣成。

图 7-12　康熙时期三品文官的孔雀补子（平金地彩绣）

从这块补子的设计，我们也可以推断，补子的主人信佛。值得注意的是，豹子身上大部分的斑点都是三个一组。这是补子上宝珠的典型配置，它暗指佛教中的"佛、法、僧"三宝。豹子斑纹的这种形式不太可能是偶然形成的。

图 7-12 为三品文官的孔雀补子。其大多数设计元素都遵循了既定规范，重要的是，在这块补子中，L 形云纹变得越来越多，这里已经完全取代了交叉的 Z 形云纹，这是康熙后期的变化。卷云纹边框、孔雀呈环形的构图和其他一些图案，都展现了本章所讨论的早期补子的特征。然而，交叉 Z 形云纹的缺失则与早期特征相违。之所以把这块补子放在这个位置，还有一个不太确定的理由——它的尺寸。

相对众所周知的是，之后雍正时期的补子是整个清朝最小的。因为雍正时期补子过小，有时会被误认为是 19 世纪中后期儿童用的。较少人认识到这种尺寸的缩小，不仅是雍正时期，也是康熙时期补子的一个特点，雍正时期只是完成了这一演变。图 7-13 通过将图 7-12 孔雀补子置于图 7-7 的鹤补之上，展示了尺寸缩小的程度。虽然从本章所展示的单块补子还不明显，但尺寸的减小遵循了图 7-13 显示的变化规律。虽然不同的使用者会让补子尺寸有一定的余地，但后期的补子尺寸明显小于前期。补子尺寸的缩小虽然传统上被认为是雍正时期出现的现象，但实际上只是始于康熙时期的这一变化过程的终点。

在这个序列中，我们的最后一个实例是图 7-14 七品文官的鸂鶒补子。它结合了图 7-11 豹补的元素——金线背景延伸在补子上，单线作为边框，并且有图 7-12 孔雀补子的特征——只有 L 形的云纹。这块补子还有一个独特之处，即除了鸂鶒，他处没有颜色。但这是一个特例，而不是因为此时的标准改变了。

图 7-13　康熙时期两件补子叠在一起比较

说明：图 7-12 孔雀补子叠在图 7-7 鹤补上，显示了康熙时期补子尺寸的缩小。

图 7-14　康熙时期七品文官的鸂鶒补子（平金地彩绣）

资料来源：德里克·林拍摄，贺祈思提供。

康熙帝在位的六十一年里，官员的补子经历了一些小的变化。边框从单层的金线变成卷云纹，然后再回到单层的金线。太阳从一个独立的主体变成了云层结构中的一部分。金色背景从有图案变成了水平走线。最后，交叉的Z形云纹被L形云纹所取代。这些改变中没有一个是彻底的，也没有一个是突然出现的。在某种程度上，人们可以通过艺术作品来衡量社会，那么，康熙时期就是一个更重视稳定的时期。

08 雍正时期的补子

雍正帝是中国历史上最有能力的皇帝之一。由于他的前任和继任者都是中国历史上在位时间几乎最长的皇帝，他的成就往往显得黯然失色。雍正帝在合法性的争议中登基称帝，之后迅速将那些不支持他继位的兄弟入罪，这显示了他的冷酷无情。虽然名义上他表现了仁慈，将所有死刑减为监禁，但被他禁足的兄弟都在不久后死亡。

雍正帝是一位十分敬业、有效率的皇帝。他十分勤奋，严厉整顿吏治、精简税收、奖励诚信、废除贱籍，并着力推进道德正统和教育，对官员的任命也十分谨慎。他不遗余力地为帝国百姓谋求福祉，鞠躬尽瘁。当他因工作压力而生病时，大臣恳求他减少日程安排以保持健康。他没有听从劝告，不久就因劳累过度而死。

补子设计上的大量变动也反映了雍正帝强烈的责任感。在他短暂的统治时期，补子在设计上的变化比康熙在位六十一年的还要多。

雍正时期做的补子，尺寸是清代最小的。补子缩小的过程早在康熙时期就开始了，在雍正时期到达了顶峰。

图 8-1 四品文官命妇雁补与本书康熙时期的最晚一块补子（图 7-14）有很多共同之处。太阳仍然被隐入云层。然而，金线的极简边框被云纹组成的第二层边框增强了。想象一下康熙后期占主导地位的 L 形云纹，把它们的尾部拉直并伸展，就能得到这块补子上云纹的形状。虽然杂宝在数量上略有增加，但它们仍然位于镂雕的中央岩石两侧的水中。在它们当中，宝珠有了创新处理，它们的顶部有小白点，表明了它们的宝珠特性。宝珠其余部分的设色则让位于艺术考量。水纹的形态延续了从前的样式。这块补子的主要变化是用简单的丝绸地子取代了之前的金线地子。

图 8-2 这块命妇用的补子上的白鹇只有三根尾羽，而标准的五根羽毛在接下来的百年里都没有成为主流。与图 8-1 相比，这块补子云纹更大，颜色也更多样，且底部出尖。康熙时期的金线背景在这里又短暂地再现，单一的金线作为补子边框。太阳从云层中分离出来，独立呈现。白鹇的尾羽仍然是波浪状的，但不像第 7 章康熙早期补子那样"原生态"（图 7-2）。这些尾羽将在之后的补子上表现得更艺术。在中心石头两侧的水中仍然可以找到杂宝，水的形态则保持不变。

这只白鹇的尾羽是用一种特殊工艺制作的，如图 8-3 所示。芯线用另外相同颜色的缠线，以一种特殊的螺旋针法固定在绣料上。金线的缠线通常不穿透下面的绣料，而是用简单的环形缠绕住金线本身。这个例子的刺绣方法在三个方面有些特殊：缠线为贴线缝绣；缠线与绣料同色；缠线形式为螺旋形而非环形。

图 8-4 命妇所用的练雀补子并不完全符合其所制时代的特征。虽然它的尺寸大小、没有边框的做法、云层的排布使它定位在雍正时期，但它还有几个不寻常的特征。完全没有边框是同时期的特例。它的边框不是被裁掉了，而是根本没有。虽然背景是深色的，但它用的是棕色，而非通常使用的黑色。云纹的形状和颜色上一次出现还是在顺治时期（图 6-6 和图 6-7）。底部波浪状的水纹形态将在乾隆帝统治时期流行。同样引人注目的是它多出的

图 8-1 雍正时期四品文官命妇的雁补（丝绣）

图 8-2 雍正时期五品文官命妇的白鹇补子（丝绣）

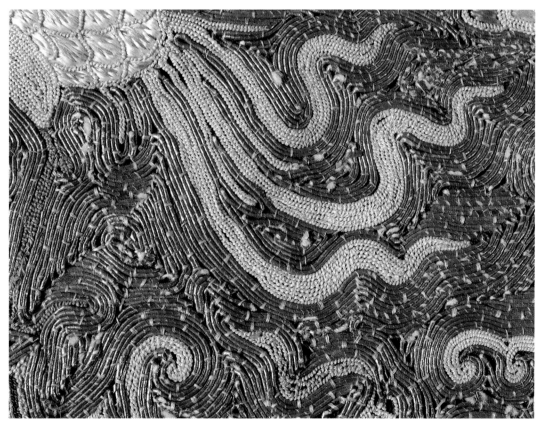

图 8-3 图 8-2 的局部

说明：使用了缠线绣的针法。

图 8-4　雍正时期九品文官命妇的练雀补子（丝绣）　　**图 8-5　雍正时期三品文官命妇的孔雀补子（金线绣）**

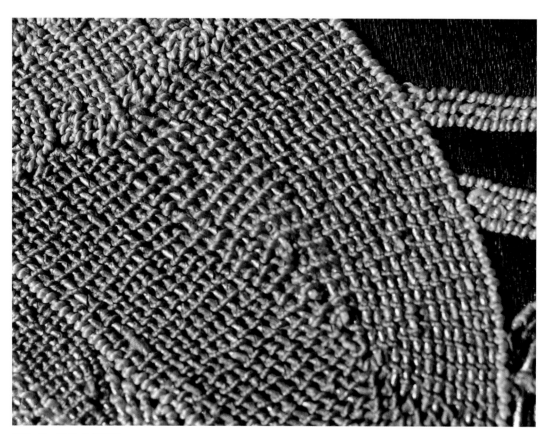

图 8-6　图 8-5 的局部

说明：使用了特殊的缠线绣的针法。

尾羽，总共有五根。人们通常认为，添加尾羽的目的是试图将这种低品级象征九品的飞禽伪装成高品级的白鹇，但在这个时期，白鹇只有三根尾羽。制作这块补子的人一定不了解在京城和其他大城市中怎样描绘白鹇。制作补子的作坊分布广泛，包括偏远的省份和地区，所以这种假设也不是完全不合理。这块补子中的杂宝看起来有点大，但它们都放在了正常的位置。

图 8-5 是为三品文官命妇制作的补子。这块孔雀补子的祥云图案与图 8-4 相似。然而这些云并不都在底部。太阳仍然与云分开，这一特征贯穿了这个时期。这块补子引入了一种新的水纹形态：如图所示，在底部的两个角上，各有一个螺旋状的圆。这块补子也没有边框。虽然图片上不太明显，但这是我们看到的第一块全金线补子。它看起来可能像普通的丝绣，但显色的其实是由金线固定在绣料上的芯线。金线不是很明显的原因是，它使用了图 8-2 和图 8-3 用到的缠线方式。图 8-6 中孔雀身体的细节能更清楚地显示这一点。

图 8-7 是一块白鹇补子，为五品文官而制，再次使用了卷云纹边框，太阳则显示为一个小的双色圆盘。云纹的镶边都是金色的，因为中心使用了各种各样的颜色，让人联想到五彩祥云。包含了旋涡形状的水纹也出现了。除了珍珠和珊瑚这两件正常的杂宝，这里还多了两件青铜器。青铜器非常珍贵，在当时的商业交易中经常被用作抵押品。虽然用它们作为财富和商业的象征很合适，但在之后它们没有再出现了。

图 8-8 是另一块为命妇制作的补子。这只练雀有适当数量的尾羽。太阳为单色；存在圆形的水纹。内部的云纹似乎与边框的卷云纹融为一体。除了水中常见的杂宝，我们还第一次看到了吉语，象征吉庆好运的戟和磬。在雍正帝统治时期，磬被绶带绑在了戟上。后来，磬只是叠加在戟上。瓶增添了平安的寓意，绶带则象征着好运的延绵。

图 8-9 是七品文官命妇的鸂鶒补子。太阳被一条细细的金线包围。在所有的彩云中，只有一朵没有与边框相接。五色祥云是吉祥的标志，给补子增添了吉庆的寓意。与吉祥图案一起出现的绶带寓意着好运的延绵。当与戟和

图 8-7　雍正时期五品文官的白鹇补子（织锦）

图 8-8　雍正时期九品文官命妇的练雀补子（丝绣）

资料来源：德里克·林拍摄，贺祈思提供。

图8-9 雍正时期七品文官命妇的鸂鶒补子（织锦）

资料来源：德里克·林拍摄，贺祈思提供。

图8-10 雍正时期一品文官的鹤补（丝绣）

玉磬结合在一起时，它们寓意着吉庆有余。金钟象征着庆祝。这幅图传达的信息是："长乐无极。"当然，这里第一次出现了蝙蝠的图案，五只蝙蝠代表"五福"。然而，这些蝙蝠不是标准的红色，只有三只蝙蝠的身体部分是红色的。这样一来就失去了两只蝙蝠双喜临门的寓意。这块补子只有一个独立的旋涡状水纹。

图 8-10 一品文官鹤补与图 8-9 有较大的不同：原来窄窄的金色边框几乎完全消失了；云纹与边界完全分离，但仍为五色祥云。太阳盘被置于云纹之上，但似乎并不是云纹不可分割的一部分。白鹤颈部和羽毛上的黑色丝线大量脱色。这一时期的部分黑色染料是由胡桃壳制成的，呈酸性，因此这个时期的补子常见黑色脱色现象。这只鹤的尾羽仍然像康熙时期的风格，与之后的有些差别。水里只有一处旋涡状水纹。

图 8-11 麒麟补子延续了之前的演化，只是因为尺寸较大被一些学者错误地定为乾隆时期的作品。然而，这块补子上的云纹无疑可以上溯到雍正时期，它基本上为雍正时期的补子设定了模板。云纹扩散开来，覆盖了整个背景。大多数麒麟补子有一个有趣的特点，即麒麟本身并不面向补子上太阳所在的那一面，而是凝视观者。尽管麒麟像其他官员用的补子一样朝外，但是这块补子是为女性制作的。通过右上角的太阳，我们可以识别补子主人的性别。水纹的形式比之前的补子更流畅连贯。由于没有中心石，杂宝出现在立水纹中，而且更接近补子的底部。大片的土地提供了充足的面积，因此放置了灵芝和灵芝芽。

图 8-12 雁周围的云纹与图 8-11 中的云纹遵循了同一模式，覆盖了整个背景。太阳周围有一条细细的白线。水纹垂直分层；有些有两个浪头。之前出现的旋涡图案已经消失了。水的整体外观更具真实感，并不像前代那样静止。一朵灵芝被安排在补子下方右边的石头上。蓝色的云纹似乎独立于总体背景，但设计上又与之相连。

图 8-11　雍正时期一品武官命妇的麒麟补子（织锦）

资料来源：德里克·林拍摄，贺祈思提供。

图 8-12　雍正时期四品文官命妇的雁补（织锦）

资料来源：德里克·林拍摄，贺祈思提供。

在图 8-13 中，孔雀周围的元素有几个创新。边框使用了卷草纹，这是边框样式的创新。背景的云纹呈现上下两层。下层是由大小和形状完全相同的云纹紧密堆积而成，较暗的上层更像之前补子中的云纹。两种深浅不同的蓝色给补子增添了深暗、低沉的色彩。五只红色蝙蝠第一次出现，而之前有块补子的五只蝙蝠并不都是红色的（图 8-9）。另一个创新是桃树的置入，这成为之后百年补子设计的一个重要元素。不过，桃树在这里的出现是暂时的。陆地由经典的镂空石和大块土地组成，形似图 8-11 中支撑麒麟的那部分。杂宝大量增加，水以更程式化的方式表现，包括一个圆形旋涡。总之，这块补子的设计元素有大量修改，很好地展现了补子设计在这一时期的动态性。

图 8-13 中的许多创新设计元素并没有融入图 8-14 孔雀补子。图 8-14 这块补子的边框是三层金线，装饰性比前例大幅减少。太阳由三种深浅不同的红色组成。与图 8-13 相比，蓝色云纹对比的阴影更明显地区分了底层和顶层；上层云纹的底部有出尖；大片的陆地和桃树都不见了；杂宝的数量减少，补子里也没有植物。

图 8-15 中的白鹇，尾巴上有三根稍微不守成规的羽毛。这块补子的底层云纹是不常见的棕色；上层的蓝色云纹延续了这一时期的设计特征；边框为一根金线；水的图案结合了单波峰和双波峰的形式。水中的杂宝是两个有联系的吉祥图案：左边的金钟和玉杖用来辟邪；右边的戟和玉磬用来表示吉庆。这两组图案使构图更加平衡。然而，这块补子的独特之处在于，它引入了双层仙阁，这一元素会延续到乾隆时期。

图 8-16 中的鹭鸶是雍正时期最后一个实例。它展现了几个将延续到乾隆时期的设计元素。最引人注目和流传久远的是松树，它代表着长寿和官员的品格。在双层云纹的上层，末端不再出尖。我们在后面也将看到这种分三部分呈现的大块陆地，以及更自然的水纹。此处的水纹表现为更自然的溪流，而不是之前看到的那种程式化的形式。补子的右下方出现了象征繁荣富贵的牡丹。

图 8-13　雍正时期三品文官的孔雀补子（丝绣）

图 8-14　雍正时期三品文官的孔雀补子（丝绣）

图 8-15　雍正时期五品文官命妇的白鹇补子（丝绣）

图 8-16　雍正时期六品文官命妇的鹭鸶补子（丝绣）

资料来源：德里克·林拍摄，贺祈思提供。

各种各样的边框、单层和双层的云纹、吉祥图案和蝙蝠的引入、楼阁类的建筑、各种花草树木的出现、水纹的多种表现形式以及太阳位置和描画形式的多样，都表现了一个动态和创新的艺术环境。这是对康熙时期墨守成规的彻底改变。康熙时期，艺术创新让位于视觉感染。雍正时期式样的多样性更加引人注目，因为它们发生在其在位的短短十三年里。这相当于几乎每年都有一个式样上的重大变化。

09 乾隆时期的补子

乾隆帝被认为是中国历史上最卓越的皇帝之一。不论文治还是武功，他在很多方面取得了成就。然而，其统治末期的奢侈生活方式，以及他对亲信官员肆无忌惮的腐败行为的纵容，使中国变得贫弱。以至于在某种程度上说，他为中国帝制的覆灭埋下了种子。

乾隆时期的补子以其精湛的工艺和写实的手法闻名。这个时期的第一个实例是一块略显破旧的文官鹤补，它清楚地显示了雍正时期的遗风（图 9-1）。虽然大部分边框不可见，但在补子的右侧和左下方，仍可以看到细细的金色边框的残余。这块补子仍然使用了双层云纹，但云纹集中在一个小而紧凑的区域。这幅补子还包含了雍正后期出现的松树图案。陆地由镂空的中央岩石和它后面广阔平坦的地面表示，和之前的设计类似（图 8-16)。同样延续了前朝的还有半圆形连接着波浪的平水，以及下面五彩的立水。水中有宝珠和珍珠。左边是代表好运的戟和玉磬，右边是辟邪的金钟和玉杖。

图 9-2 精致的鹭鸶补子属于一位官员。太阳在补子的左上方，显示服用者是男性。太阳以三色显示，从中心到边缘呈红

图 9-1　乾隆时期一品文官的鹤补（丝绣）

资料来源：德里克·林拍摄，贺祈思提供。

图 9-2　乾隆时期六品文官的鹭鸶补子（丝绣）

资料来源：德里克·林拍摄，贺祈思提供。

色—粉红—白色退晕。双层云纹依然存在，但顶层已经不是之前的灵芝形状，看起来更圆，边缘呈波浪状。上层云纹呈现为小簇，而不是之前设计中长长的流云。水纹的形式则比较复古，完全采用了雍正时期的环状水纹。图9-1中的吉祥图案在这里的水中也出现了，还有宝珠延续了在顶部点缀白点的惯例。右边的石头上有一棵小松树，补子的左右两侧都有花朵。

图9-3一品文官命妇所用的鹤补中没有双层云纹的设计，取代底层繁复云纹的是一个错综复杂的卷曲图案，其中设计了一些花朵。单色的太阳已被置入两组云纹中的一组。补子上有4棵树，其中两棵是从两侧的石头上长出来的松树。与它们呼应的还有从鹤脚下地面长出来的花朵。水纹结合了两块陆地之间流动的溪流和五色的立水，立水用有波浪的斜线表示，浪头呈灵芝状。边框所用的回字纹直到19世纪中期才流行起来。

图9-4中那只精致的雁是为一位命妇制作的。它延续了图9-3的设计，但多了自己的特点。边框的团寿和方寿间隔，一个用金线，另一个用丝线。太阳被置于唯一的云纹之上。补子的两侧都是松树。九个桃子漂浮在画面上，没有任何可见的支撑。它们用两种寓意表达长寿，因为九的发音是"久"，而桃子是王母娘娘园中长生不老的仙桃。补子左下角宝珠上面的红色元素是一个"卍"，代表万。用当时的说法，这就相当于"永远"或"无限"。当它与彩色绶带结合在一起时，代表的就是"万寿无疆"。立水用蓝色退晕，还有彩色灵芝状浪头。一只红蝙蝠象征着洪福齐天，但如果蝙蝠不足五只，就不能代表五福。

图9-5一品文官补子上的鹤标志着向本书第2章中提到过的黑色楔形尾羽过渡（图2-1、图2-3、图2-4），不过此时尾羽还是灰色的。没有金线的卷云纹作为背景，这块补子看起来有些朴素。边框也是一条简单的金线。云纹的组数增加了，太阳再次被嵌在云纹当中，这种设计也许是为了填补之前金线卷云纹图案的位置。大多数云纹呈圆形，也有少数为灵芝形状。陆地既

图 9-3　乾隆时期一品文官命妇的鹤补（丝绣）

图 9-4　乾隆时期四品文官命妇的雁补（丝绣）

图 9-5　乾隆时期一品文官的鹤补（缂丝）

图 9-6　乾隆时期一品文官的鹤补（缂丝）

支撑了置有仙鹤的江崖，也延伸到背景中更广阔的区域。小溪从山上流下，流入底部的半圆形平水。补子右侧的山上有一座仙阁，左侧有一棵松树。一枚金钱和水中的宝珠象征着对财富的渴望。补子左下角附近的山石上长出了牡丹，灵芝则生长在平坦的陆地上。

图 9-6 一品文官补子的设计中，最引人注目的变化是双边框。云的外轮廓和内部线条用蓝色退晕填充，边缘用金线勾勒。补子金色的背景图案令人印象深刻。太阳在云纹上，而不是嵌在云层里。补子的两侧都有松树。云纹大体上是圆形的。水被分成左边的立水和右边的平水。牡丹在中央岩石后面的陆地上恣意生长。鹤全身雪白，尾羽却呈现截然不同的颜色。与图 9-5 中的鹤一样，它的尾羽呈楔形。

图 9-7 中的云雁在造型上具有欺骗性。它把云雁常用的黄棕色身体换成了仙鹤的白色身体。服用它的官员还可以通过它光滑的头部加强这种有意的误导。之前补子丰富的金色背景，此时已经被鲜明的黑色地子取代。太阳是双色的，围绕着中心的红色是一圈金色。云大体上是圆形的。水纹包含了雍正时的旋涡形设计。立水只存在于中心右侧的一小块区域。补子的右侧是松树，左侧是灵芝。在右侧的水里，有许多宝珠和一支珊瑚。在左下方，有一组几乎隐藏起来的较小的宝珠。

与图 9-7 不同，图 9-8 补子中的雁中规中矩。雁的颜色恰当，在它脖子和身上有清晰的羽毛标记，即使这里用的是锦鸡和鸂鶒身上常见的鳞片状羽毛。双色的太阳被云层遮住了一部分。这些云纹呈现五色祥云的形态，但它们缺少一些颜色。这一点尤其特别，因为蓝色和绿色的云纹在这个时期被视为同一种颜色，而单色的云纹不很常见。补子的边框由两条金线组成。瀑布从右侧的山上倾泻而下，流入表面有波浪的五色立水。有趣的是，这个补子上没有植物。两组小的宝珠都在右侧的水中。

我们在边界、太阳的位置和颜色、云纹的样式、背景和植被上都看到一些变化，但这没有什么可疑惑的。它们可以被视为相对活跃的艺术氛围、充

图 9-7　乾隆时期四品文官的雁补（丝绣）

资料来源：德里克·林拍摄，贺祈思提供。

图 9-8　乾隆时期四品文官的雁补（丝绣）

足的设计和制作素材所产生的自然后果。当然，不同地区、不同艺匠、不同官员，都会以略微不同的视角来看待补子制作的过程。当清朝强盛不再，补子的设计就退化成了一个静态的、缺乏想象力的过程。我们在这里看到的多样性，其实反映了一个健康的社会。

图 9-9 是我们的第三块雁补，也是为官员制作的。它浅黄色的身体和典型的羽毛纹路也很中规中矩。边框的形式保持不变。太阳与任何云纹都是分开的，有一圈白边。云分散成更多的小团。所有的蓝色和绿色被认为是一种颜色，如果算上白色云心，云纹就包含了必要的五种颜色。植物是一朵花和一朵灵芝，都在补子的左侧。水纹是复古的圆形设计，包括螺旋状的漩涡。补子只有平水的波浪，没有立水部分。江崖右侧的宝珠和珊瑚是画面中唯一的杂宝。明亮的设计和鲜艳的颜色使这块补子很有吸引力。

图 9-10 是我们的第四块雁补，它属于另一位官员，也具有误导性，而且比图 9-7 更明显。这只雁不仅隐去了颜色和身上羽毛的痕迹，而且在它喙的根部还增加了一个小红点。这显然是为了引导那些随意看一眼补子的人注意到白色的身体和光滑的红色顶部，并得出这样的结论：他正在与一位一品——而不是四品官员打交道。除了令人咋舌的伪装性，这块补子的价值还在于，它推翻了人们普遍持有的观点，即直到 19 世纪中期才出现纳纱的补子。在这个设计中，许多元素行针边缘的颗粒感都很明显。如果不考虑纳纱法造成的锯齿形的边缘，云纹的形式几乎与图 9-9 中的完全相同。一只红蝙蝠寓意着服用者洪福临门。在水纹中，可以找到五组杂宝。右边的松树与左边的灵芝达到了构图的平衡。

图 9-11 是五品文官命妇所用的补子，上面是一只三根尾羽的白鹇。这只白鹇体态稳定，没有随意摆动。补子左侧山崖的颜色在制式下进行了有意思的渲染。考虑到画面中心有一只白色的大鸟，添加色彩的目的可能是让设计更加平衡。云纹大多为圆形，边缘呈波浪状。植物有左侧的松树、花朵以及右侧的灵芝。这块补子没有立水，只有两片呈现两个漩涡的平水。

图 9-9　乾隆时期四品文官的雁补（丝绣）

图 9-10　乾隆时期四品文官的雁补（纳纱）

图 9-11 乾隆时期五品文官命妇的白鹇补子（丝绣）

图 9-12 乾隆时期九品文官命妇的练雀补子（丝绣）

图 9-12 展示了另一件伪装品,这块补子的飞禽是一只练雀,它试图假装成图 9-11 中的白鹇。这块补子的所有者是一位命妇。为了让这只飞禽看起来像五品白鹇,制作者添加了额外的尾羽,但其他尾羽保持了程式化的设计。这些羽毛的形状向顶部收窄,在底部展开,末端有一标志性的蓝点。边框使用了回字纹。考虑到蓝色和绿色被认为是相同颜色的深浅表现,这里的云纹就是三种颜色,而不是通常的五色。平水中有两个圆形的漩涡,立水的表面翻起了浪花。植物是三组牡丹和一棵松树。小小的杂宝几乎被隐于水中。

图 9-13 补子非常醒目,向我们展示了一只有趣的**鸂鶒**。虽然它的身体很典型,但它的颈部羽毛不常见,看起来像一串领结。这块补子的植物也不太常见,包括一棵有九个桃子的桃树,树下的水仙,补子左侧的牡丹和下面的灵芝。19 世纪中期程式设计的五个要素中,这里可以找到四个,此时的设计已经比较稳定。这里缺少第五种元素——五只红色的蝙蝠。不寻常的是,这块补子上只画了两只蝙蝠,在男性服用的补子上用了双数。云纹比图 9-12 更大,颜色也更丰富。左边一条小溪从山上流下,汇入立水和平水,代表补子中的水元素。

图 9-14 是另一块**鸂鶒**补子,也使用了纳纱工艺,说明图 9-10 中的雁并非孤例。**鸂鶒**的体型很典型,颈部有两层羽毛,而不是图 9-13 中的一串"领结"。这只飞禽周围还有九颗桃子、水仙、牡丹和灵芝,它们的位置与前例相同。这块补子中红蝙蝠的数量加到了三只。水纹只有带有漩涡的平水,但没有立水部分。

图 9-15 的獬豸补子非常精美。它站在中央岩石上居高临下的姿态和它精致的头部,使它成为最好的獬豸补子之一。这是一块官员使用的补子。獬豸周围有三色太阳、稀疏的五彩祥云和一棵松树,几件杂宝散落在水中。这些珍宝从右边的如意到左边的玉器贯穿起来。水中有一个漩涡。边框为一条细金线。

图 9-13　乾隆时期七品文官的鸂鶒补子（缂丝）

图 9-14　乾隆时期七品文官的鸂鶒补子（纳纱）

图9-15　乾隆时期御史的獬豸补子（丝绣）

图9-16　乾隆时期四品文官命妇的雁补（丝绣）

资料来源：乔恩·埃里克·里斯提供。

图 9-16 雁补是一个非同寻常的例子，因为它的一只脚是带蹼的，就像现实中的雁脚一样。有趣的是，这种与传统程式有明显偏离的尝试还很犹豫，所以只有放在岩石上的脚是有蹼的，靠近身体的那只脚仍沿用了制式。这块制作精良的补子边框已经遗失，但补子本身保存得非常好。灵芝状的云纹聚集在太阳周围，看起来形成了一股连续不断的气流。两只红色蝙蝠在天空中飞来飞去。松树和小朵的牡丹从左侧的岩石上长出来。江崖后面的大片陆地是场景自然元素的一部分。从左边山石流出的水在补子的右侧形成了水池。

在图 9-17 中，我们看到了一只中规中矩的雁。补子的边框非常华丽，交替出现了红色的蝙蝠和双枚金币，代表双倍福气和财富。雁的两侧各有两株植物，右边是九颗桃子的桃树和水仙，左边是牡丹和灵芝。水里的几个地方隐藏着杂宝。金线给雁提供了一个金碧辉煌的背景。五色祥云笼罩在补子的顶端，并延伸到中心区域。

图 9-18 中的孔雀被回纹包围。孔雀的右边是一棵松树，左边是一枝竹子和一棵李树。这里五色云纹的中心出现了白色的小点。云纹的这一特征将在嘉庆时期得到延续。陆地占据了补子的右侧，限制了左侧的水纹。五只红蝙蝠代表洪福齐天、五福俱全。我们可以在补子的左下角找到第五只蝙蝠，就在水面和珍宝的上方。水中的漩涡则象征着财富。

鲜艳的颜色和完好保存状态，使图 9-19 中的獬豸非常引人注目。这块官员使用的补子左边是一棵桃树，上面有九个桃子，右边是一棵松树。边框是不常见的四条金线。中国人很少使用带四的东西，因为这个数字与"死"字谐音。图中有五只红色蝙蝠，其中一只藏在了左上角，一只藏在獬豸头旁。水里没有漩涡，但立水的元素暂时回归了。云纹的中心仍有一个白点。太阳是三色的，从中心的红色退晕到边缘的白色。

图 9-17　乾隆时期四品文官的雁补（缂丝）

图 9-18　乾隆时期三品文官的孔雀补子（丝绣）

图9-19 乾隆时期御史的獬豸补子（丝绣）

图9-20 乾隆时期六品文官的鹭鸶补子（丝绣）

资料来源：德里克·林拍摄，贺祈思提供。

图9-21 乾隆时期二品武官的狮补（纳纱）

图 9-20 鹭鸶补子是一块非常创新的补子。它可以追溯到漫长的乾隆帝统治的末期。边框为回字纹。里面的云纹几乎是蓝色的，但也有不少点缀，它几乎构成了补子的整个内边框。每朵云纹中心的白点都清晰可见。补子的右侧是一棵松树。左侧有金线绣成的牡丹。五只红蝙蝠每只嘴里都衔着一个物体，形成了吉祥图案。虽然这块似乎与之前的形制有较多背离，但它并不是孤例。我个人就收藏了三块这种设计的补子。

我们最后要展示的是一块罕见的补子，也是本章众多补子中唯一的武官补子。这说明武官补子的稀有不仅仅是晚清的现象，本书收录的补子中，雍正时期的也只有一块，康熙时期的稍多，有三块。

图 9-21 补子为武官而制，其设计的简洁令人惊叹。画面上的装饰物只有竹子、松树和灵芝，图面中没有象征财富的符号，也不包含好运或长寿的寓意。边框为回字纹。水纹则是在地面之间穿流的小溪。太阳是一个单色圆形。这块补子最突出的特点是，云纹在补子的顶部形成了一条连续的线，但是这条线又薄又稀。这为清朝与政权变革相关的最激进的设计奠定了基础。

乾隆帝本可以成为在位时间最长的皇帝，但他不想打破他敬爱的祖父的纪录，因此在即将超过康熙帝在位时间之前，将皇位禅让给了他的儿子，也就是后来的嘉庆帝。然而，他作为太上皇继续住在养心殿直到 1799 年去世，这已经背离了只有在位者才能居住在这里的传统。

10 | 嘉庆时期的补子

　　嘉庆帝在清代皇帝中比较特殊，因为即位之时，其父尚在世。碍于孝道，只要父亲还健在，新君就必须沿用其父的各项政策。嘉庆帝做得最果断的事情与其父的宠臣有关，这个人从无名之辈混到权倾一时，全是靠着乾隆帝一人的宠爱，该臣子被以贪腐及其他多项大罪弹劾议罪并被赐死。他的家产（以今日的币值衡量，已超过十亿美元）也被抄没。嘉庆帝所作所为，并非真如看上去的那么不孝，因为其父在他登基前就已经警告了，倘若不除掉此臣子，他就会反过来暗害皇帝。嘉庆帝看起来颠覆了乾隆帝的安排，但实际上这么做是听从了其父的建议。

　　嘉庆帝抑制贪腐的各项举措与其说是控制住了官员和权力的滥用，倒不如说刺激了一些人的行刺念头。面对这样一个充斥着贪官污吏、僵化的官僚系统，嘉庆帝处境艰难。嘉庆帝选择了在一定限度内反腐，以维系政府的继续运转，但又不得不在剩下的年月里对付腐败的问题。

　　嘉庆时期的补子并没有出现大的变动。大部分的改动是小地方，主要表现在细节部分（比如边框、蝙蝠的数量）。因为这一时期补子的风格保守，本章篇幅会比较短。

尽管嘉庆帝即位的时候只是名义上的皇帝，但皇位交接还是引起了官补式样上一处明显的变化。这一变化显著而深刻，以致笔者第一次看到嘉庆时期的补子时，因为它和之前、之后时代的补子差异太大，甚至认为那是赝品。补子的设色非常昏暗，上面的禽兽和之前有着细微的差异。在工艺上，所有嘉庆时期的补子都使用北京结绣，也称作"打籽绣"。打籽绣相当于法国结绣的中国版本，是将一根针垂直戳入绣料，再用线在针上缠绕几圈，这样就形成了一堆小线圈，然后用线穿过线圈缠绕几圈将之固定。有谣传打籽绣能致绣工失明，因此被禁止。因着这类谣言，打籽绣有时又被讹称为"禁绣"。这些说法都是早年间倒卖中国织绣品的商贩胡诌的，为的是哄抬这些货品的价钱。虽然有学者为此说法背书，但不管怎样，这种说法仍然不可信。

嘉庆时期补子的边框比较特别。现存嘉庆年间最早的补子边框上布置了龙、蝙蝠、寿字篆文，这是补子上一种新的图案组合（图 10-1）。一条边上的两条龙，每条各占一半，两条龙隔着寿字篆文相对而视。图 10-1 是给命妇做的练雀补子。祥云依旧沿用了灵芝的形状，但是与下面的水脚相连接。补子的图案组合包括五蝠（这种图案布置很少见）、小的花草、少数海水中的杂宝。这个补子还用了立水图案，将之前多色的浪花边框变成了夹杂着绿色、白色的暗蓝色的平直边条。这种最初的式样要么局限于某个地域，要么只是短暂存在于某个时间，因为笔者在三十余年的收藏生涯中，只见过两例这样的补子。

之前提到过，补子样式的第一次更改涉及两点：蝙蝠的数量增加到九只；立水的纹样被去掉。图 10-2 中的白鹇补子反映了这种变化。因为蝙蝠是蓝色的，容易混入地子，不太容易辨认。此外，这里的蝙蝠分布在补子的各个位置，不像正常情况那样只集中在补子的上部。在图 10-2 中，从白鹇尾下方开始，排布了六只蝙蝠环绕。第七只蝙蝠在左侧边框最高处花卉的上方。两只红色蝙蝠在补子上方边框，比较容易辨认。图 10-2 中的蝙蝠在图 10-3 中用红圈框出，以便于找出。

图 10-1　嘉庆时期九品文官命妇的练雀补子
（丝绣加打籽绣）

图 10-2　嘉庆时期五品文官的白鹇补子
（丝绣加打籽绣）

图 10-3　标识图 10-2 中的蝙蝠

武官补子明显与文官补子同步变化。图 10-4 虎补与图 10-2 白鹇补子具有同样的式样特征。值得注意的是，在这块命妇补子上，虎的前额有清晰的"王"字图案，可惜的是这只虎还处于幼崽阶段，牙齿不太完整。补子上象征财富的符号不多，也没有宗教纹样。

在图 10-5 鸂鶒补子上，可以看出嘉庆时期式样下一阶段的变化。补子边框上的龙已经缩短到之前长度的一半，之前被龙身和蝙蝠占据的地方布置了莲花，寿字篆文换成了新的写法，蝙蝠的数量减到了七只。同时，蓝色蝙蝠翅膀前端边框变成了红色，这样就更容易被看到。花卉被布置在左右两边，但是补子上没有和财富及宗教相关的纹样。

在图 10-6 熊补上，我们可以看到大体相同的格局，即使补子的边框变成了交替的万字符和蝙蝠。这种组合寄托了对"万福"的祈盼。"万福"可以理解为无穷尽的福祉。七只蝙蝠中有五只为纯蓝色，一只躯体为红色，另一只为纯红色。补子上没有和财富及宗教相关的纹样。

图 10-7 补子有可能制作于乾隆帝驾崩后。随着嘉庆帝不再囿于孝道，他也可以展现个人的喜好了。值得注意的是，这块补子以及其后制作的那些补子上的道教纹样，可以通过这些纹样明显地看出，嘉庆帝信仰道教，并且在其父驾崩之后才表露自己的内心归向。

这块补子的边框完全由莲蒂凑成，蝙蝠数减到了五只，所有的蝙蝠都是蓝身红翅，其中一只位于中心右侧靠上的位置。这块鸂鶒补子是给某位命妇制作的。

图 10-8 白鹇补子是嘉庆时期主流设色组合之外的特例。显然，穿用这块补子的官员想重拾康熙时期补子的华丽外观。除了使用金线，这块补子在样式上和图 10-7 相仿。从白鹇的上翅下方到补子左侧牡丹的上方，四只蝙蝠环绕着白鹇，第五只蝙蝠在白鹇头部正上方，紧贴补子的上缘。

图 10-4　嘉庆时期四品武官命妇的虎补（丝绣加打籽绣）

图 10-5　嘉庆时期七品文官的鸂鶒补子（刺绣加打籽绣）

图 10-6　嘉庆时期五品武官的熊补（丝绣加打籽绣）

图 10-7　嘉庆时期七品文官命妇的鸂鶒补子（丝绣加打籽绣）

图10-8　嘉庆时期五品文官的白鹇补子

说明：丝绣加打籽绣及钉金线地子。

图10-9　嘉庆时期五品文官命妇的白鹇补子（丝绣加打籽绣）

资料来源：德里克·林拍摄，贺祈思提供。

图 10-10 嘉庆时期五品武官的熊补（丝绣加打籽绣）

图 10-11 嘉庆时期七品文官命妇的鸂鶒补子（丝绣加打籽绣）

嘉庆时期补子的第二个变化在地子上。在图10-9白鹇补子中，之前补子的丝线地子被铺满打籽绣的纯淡蓝地子取代。在如此大范围用这种绣法，工艺精湛令人赞叹。将红色蝙蝠置于淡色地子上形成了鲜明对比，极易辨认。

武官的补子也沿用了这种样貌风格，如图10-10熊补。

图10-11鸂鶒补子是雷纹边框在嘉庆晚期重新出现的一个例子。补子正中的提绳显示了此物可能在民国之后被改制成了提包，提绳上有一小块玉饰，但在图中无法见到。

嘉庆初年对补子的式样进行大手笔改动后，嘉庆帝在之后的年月里又重新回到保守路数，只对补子进行了很小的改动，改动的地方主要在补子的边框和蝙蝠的数量，极少情况下改动了地子的材料和工艺。嘉庆中期，皇帝明显提倡采用道教纹样，同时不鼓励使用佛教纹样。从这一时期的简约路数可以看出，从朝廷到艺术创作，都缺乏活力和创新的风气。

11 | 道光时期的补子

考虑到嘉庆时期补子特殊的式样，补子没有顺畅直接地向道光时期过渡也就不足为奇了。在典型的道光时期补子成形之前，显然各种补子的式样都被尝试过。也就是在道光时期，中国与别国之间发生的一些重大事件影响了补子的式样。这种现象的出现，在很大程度上是因为鸦片战争（如果以初次交火算起，战争爆发于 1840 年，如果以任命林则徐查办鸦片贸易算起，则战争爆发于 1838 年）。我们会看到道光晚期的这件历史大事引发的潜在影响。

图 11-1 展示了一位文官的鸂鶒补子。尽管这种式样出现后被使用的时间并不长，但其中包含了许多最后定型的道光补子式样中的图案。祥云排布在补子上方并且框出了补子的边缘，这点和雍正早期的补子很像。这些云是从补子左上方太阳的后方漫出的。和一部分嘉庆时期补子相似，祥云上的白点看起来也很显眼。补子上还出现了桃树，树上挂了九个桃子，从上到下数量依次为 2-2-3-2。左侧的牡丹和灵芝也是道光时期补子上的常见图案。与嘉庆时期相比，道光时期的补子有一个明显的不同之处，即在这些补子上没有见到道教符号，却能看到佛

图 11-1　道光时期七品文官的鸂鶒补子（丝绣）

图 11-2　道光时期七品文官的鸂鶒补子（丝绣）

教的法轮图案。杂宝中的戟和磬也出现了，戟、磬与"吉庆"谐音，象征福祚与富贵。边框由交替出现的两种篆文寿字组成，这些篆文寿字呈三种颜色。

图 11-2 补子与图 11-1 补子的差异明显，就像图 11-1 的补子明显相异于嘉庆时期的一样。这块鸂鶒补子的边框由云雷纹构成，祥云的形状越发趋近灵芝，但依旧在上方形成了一个内缘边框，祥云上保留了白点。补子没有使用其他装饰，只有大量的祥云和蝙蝠（具体地说，一共有十一只）。桃树和牡丹都被去掉了，灵芝则被保留，但被布置在补子右侧。这块补子看起来设色多样、活泼欢快，与嘉庆时期补子的昏暗色调对比鲜明。

图 11-3 可见道光初年尝试的一处变动。边框仍然由华丽的西番莲及金线卷草纹组成。祥云基本还和之前的一样，蝙蝠被去掉了，代之以金线卷草纹。鹤的尾羽和鸂鶒、云雁的尾羽一样。在海水中可见几处杂宝，边框内的植物图案很少。

图 11-4 是一块武官命妇的熊补，和图 11-3 鹤补有很多相同的图案：连绵的祥云在补子上方围成了一个半内边框，还有祥云卷草纹的地子及海水中的杂宝。但是祥云卷草纹被连上了花卉。还有其他不同之处：布置了单只的蝙蝠，边框由云雷纹组成，两侧均有灵芝，左侧可见水仙。熊的嘴巴呈尖长状，这是描绘熊样貌的正确方式，与之后出现的短鼻子熊并不一样。不知何故，熊上的火焰显得颓靡不振，主火焰与熊背稍有连接，而熊背后的小火焰则几乎看不到。

图 11-5 中的獬豸展现了道光时期补子演变的最后一步。云雷纹边框和祥云内边框的样子和过去一样，挂有九颗桃子的桃树成为主要元素。在后来的补子上，桃子会以不同的顺序组合排列。水仙花也出现在补子上，但是位于左侧而非右侧，灵芝也被布置在左侧，杂宝则被放在水中。

图 11-6 白鹇补子也非常接近道光时期式样的最后演变形态。边框、祥云、牡丹、陶壶、水仙、杂宝及五个红色蝙蝠都出现了，即使灵芝消失了，且桃子以 3-3-3 的顺序排布。

图 11-3　道光时期一品文官的鹤补（丝绣）

资料来源：德里克·林拍摄，贺祈思提供。

图 11-4　道光时期五品武官命妇的熊补（丝绣）

图 11-5　道光时期御史的獬豸补子（丝绣）

图 11-6　道光时期五品文官的白鹇补子（丝绣）

资料来源：德里克·林拍摄，贺祈思提供。

似乎为了尽量用上所有道光补子式样中的图案，并且将它们布置在恰当位置，在图11-7鸂鶒补子上，我们能看到对此进行的各种尝试，但这么做并没有成功。边框、祥云、牡丹、灵芝、九桃树（其中的桃子排列方式为典型的2-2-3-2）、水仙以及杂宝都出现了，但是只见到两只红色蝙蝠。鸂鶒用珍珠缉米珠的方式装饰得堂皇富丽，具体可见图11-8。

图11-9鹭鸶补子重复了图11-7的式样，但是在边框处有所不同，图11-9没有边框。没有边框的最大可能是，因为年代久远边框部分丢失了，而非补子原本的式样就没有边框。这块补子只是说明此类样式的作品并非只有一块。

图11-10鸂鶒补子可能就是之前学者提到某个观点的佐证，他们认为19世纪中叶才出现纳纱补子。我们可以从之前乾隆时期的补子知道这个观点并非完全不对，只是他们判断的时间比实际晚了一百年。虽然使用的材料和工艺不一样，这块补子还是沿用了图11-7和图11-9补子的式样。

图11-11补子将所有要素都用上了：云雷纹边框、祥云在内侧围成半个边框且从左上角流出作为太阳的背景、九桃树上的桃子以2-2-3-2的序列排布、布置在桃树下方的水仙、布置在左侧的牡丹和灵芝、五只蝙蝠、水中的杂宝。在笔者看来，这种式样的道光时期补子已经达到了其审美上的巅峰。这块补子以及前面的几块补子因其纤巧十分具有魅力。

图11-12狮补是为某位武官命妇制作的，与图11-11白鹇补子的图案呈现对称状态。图11-11中的式样元素也出现在了这块补子上，制作得同样纤巧。

倘若图11-11和图11-12两块补子算得上是道光时期补子巅峰的话，那么在此之后补子的式样也就不可避免地开始走下坡路。图11-13鹭鸶补子上并没有什么明显的问题，但是必须注意，地子上的图案被刻画得太大了，挤住了鹭鸶。还要注意一点，这三块补子上的图案元素是一样的。

图 11-7　道光时期七品文官的鸂鶒补子（丝绣加缉米珠）

图 11-8　图 11-7 中缉米珠部分的细节

图 11-9　道光时期六品文官的鹭鸶补子（丝绣）

图 11-10　道光时期六品文官的鹭鸶补子（纳纱）

图 11-11　道光时期五品文官的白鹇补子（丝绣）

图 11-12　道光时期二品武官命妇的狮补（丝绣）

图 11-13 道光时期六品文官的鹭鸶补子（丝绣）

图 11-14 道光时期九品文官的练雀补子（丝绣）

头上的羽毛是指示带头冠的鹭鸶的一个特征。一般情况下，鹭鸶通身白色。此鹭鸶身上带有装饰，这点显得有些反常。从头的形状，以及身体反常的装饰，可以明显看出，制作人有心让六品的鹭鸶补子看起来像四品的雁补。

图 11-14 练雀补子沿用了之前补子的图案，所有图案的式样和之前的补子都一样，并且也被布置在了一样的位置，但是练雀的尺寸变大了，被地子上的那些必备图案挤在了一小片地方。

从图 11-15 虎补可以看出，武官的补子与文官的补子在同步演变。边框、祥云、桃树、水仙、牡丹、灵芝、五蝠、杂宝都布置在预定好的位置上。此处的火焰不与虎身相连，因为老虎不是神兽。这块补子只在交际场合穿用，因为如果在朝廷出现，老虎会背对皇帝。还必须注意，老虎额头的"王"字由三横一竖写成，以作为兽王的标记特征。

图 11-16 鹌鹑补子反映了道光时期补子的式样是如何在低品级官员中被不断使用的。这块补子非常粗糙，可能是因为补子的主人没有更高品级官员那样的财力。八品文官一般在任职五年之后，通过简单考试会担任某地吏员之长。[1] 进入官场时，这些人一般会被授九品官职，穿用这块补子的人是其中少数成功晋升八品的人。补子的主人因为是走捷径当的官，而非经过艰难的科举正途，因此可能遭到官场同僚的不屑。这些官员的低阶职位让他们没法像官场上更高品级官员那样搞到灰色收入。

在道光末期，补子更加华丽，也许这是在式样上缺少创新的结果。就笔者所知，当时并没有对艺术创造力进行约束和限制，式样演变的停滞只是社会影响的结果。由于没有空间安置新的内容，官员就将更多的材料和工艺混合使用，并加以特别的精心制作，以便让补子显得独一无二。图 11-17 獬豸补子使用了纳纱工艺，从中似乎可以看出主人希望摆脱同时期补子的单调式样。

---

1 《汉书·景帝纪》：县丞，长吏也。——译者注

图 11-15　道光时期四品武官的虎补（丝绣）

图 11-16　道光时期八品文官的鹌鹑补子（丝绣）

图 11-17　道光时期御史的獬豸补子（纳纱）

图 11-18　道光时期一品文官的鹤补（丝绣加缉米珠）

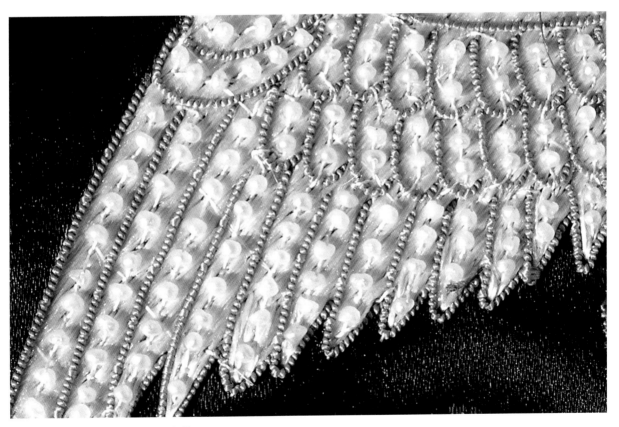

图 11-19　图 11-18 缉米珠部分的细节

在这个时期，中国人输掉了第一次鸦片战争。对外事务和国内改革吸引了那些原本会资助艺匠的人的注意力。因为缺少了资助，创新也被扼杀了。

图 11-18 文官鹤补显示了道光时期补子寻求变化的两种手法。第一种是运用打籽绣。这是一种极费工的绣法，在那个时代并不常见。在这块补子上，这种特殊绣法只用在了蝙蝠和海水中的杂宝上。第二种是运用缉米珠来提升鹤的价值，使之变得更加奢侈。图 11-19 显示了缉米珠工艺的细节。如果不是用上这两种手法，这块补子不过就是重复之前那些补子的式样。

图 11-20 补子表明武官也用同样的手法让自己的补子和那些普通乏味的补子区分开来。这是块六品武官命妇的彪补。巧布在彪身上的线条可能是为了不用描绘老虎的所有特征，却能让彪看起来更像是一头虎。注意彪的头上没有"王"字符号，补子上的蝙蝠和杂宝均是用打籽绣绣成的。

在某种程度上讲，过去极少使用的打籽绣工艺在这个时候失去了划分补子等级的功能。顺着逻辑推演，补子演变的下一步必然是将打籽绣用到整块补子上。图 11-21 锦鸡补子展现了这一演变的过程。在这种情况下，补子的标准式样发生了变化，变化后的式样又成了主流。佛教图案在海水中取代了杂宝（见本书第 4 章关于佛教八宝的部分）。虽然这种情况的出现可能是由于官员个人的佛教信仰偏好，但也可能是由于第一次鸦片战争失败后的焦虑心态。战败之后出现了各种反思，冒出了很多过去未曾有过的看法：中国可能并非宇宙的中心，皇帝也没有实力统治全天下，甚至官员在战争带来的天崩地坼后转向佛教以寻求解脱。

无论补子上出现佛教纹样的原因为何，至少图 11-22 显示了在武官中部分官员信仰佛教的情况。补子上多色的豹子是专门为武官在交际场合制作的，式样的变化与图 11-21 锦鸡补子相同，都用上了佛教纹样，也全部用打籽绣绣满整块补子。

图 11-20　道光时期六品武官命妇的彪补（丝绣）

图 11-21　道光时期二品文官的锦鸡补子（丝绣）

图 11-22　道光时期三品武官的豹补（丝绣）

笔者考察补子式样变化而提出的观点是，皇帝会用一些细微的操作来影响官员穿戴的织绣品的式样。笔者认为，道光末期补子式样的停滞状态为这一看法提供了佐证。道光帝完全不是一个有为之君，智囊建议他在造句行文上给奏折挑错，将奏折打回去，以此来应付那些尖锐的问题。这种情况展现了皇帝对于细节的纠结，阻碍了他去关注更重要的问题，并且阻滞他去给那些问题拍板。皇帝显然很乐意接受上述建议。此外，在道光末年，皇帝忙于处理涉外事务，需要在遭遇军队战败后勉强维持自己的体面。可能是因为这些，道光帝无暇顾及工艺美术制作方面的事物。

在此之后，皇帝不掌实权的时代到来了。咸丰帝在十九岁那年继承其父的皇位。他既无能，又排外，因为在第一次鸦片战争中，大臣们迫于无奈向英国人让步，所以他也不相信大臣。咸丰帝一即位就必须面对太平天国运动，他很快被这一系列困境击垮，退避到避暑山庄，将政务交给大臣。1861年，咸丰帝因感染肺结核驾崩了。

之后咸丰帝六岁的独子即位，其1862年至1874年在位，年号同治。同治帝生母是慈禧太后，统治中国直到其1908年去世。当时不断有谣言称，慈禧怂恿其子纵情声色，如此便无暇政事，转而让慈禧去主理。同治帝十八岁驾崩后，慈禧精心挑选了自己的一位侄子即位。光绪帝曾企图密谋拘禁慈禧来摆脱她的干政，但他运气不好，密谋联系的将领出卖了他，将计划泄露给了慈禧的心腹。慈禧立即将光绪帝拘禁在了宫中，直到自己病逝之前将他暗害。

上述段落简述了中国历史的这个阶段。这个阶段的皇帝实际上失去了权力，也无法掌控工艺美术品的制作。因此，在这段时间里，皇帝个人的喜好对补子的式样变化影响不大。相反，一些变化是由内部、外部事件推动而发生的。下一章节将讨论咸丰、同治、光绪这三朝补子的情况。

12 中国帝制末期的补子

　　咸丰帝的存在感并不强，其人很早就退居圆明园，让大臣管理国家。最有可能让他感到无能应对且萌发隐退之念的事，是 1851 年爆发的太平天国运动。这场运动在他十九岁登基只一年之际就爆发了。这次起义恰发生在社会普遍动荡、动乱接连、外国基督教传入国内的 19 世纪中叶。咸丰帝情愿不去理会这些事情，也不愿加以应对。

　　咸丰早期的补子有两个特征格外明显。第一是重新用上了嘉庆的多组对称斜线表示立水，这一特征可见于本书关于嘉庆时期的第一块补子（图 10-1）。第二是几乎完全去掉了象征财富、升官、享福之类的辅助图案。这个特征以社会、文化视角来看更加明显。通过这些补子可以推测，当时人们首要的内心想法是祈盼得到佛祖助佑以解救社稷。

　　图 12-1 缂丝鸂鶒补子几乎去掉了所有与使用官员的品级无关的图案，只保留了与长寿有关的水仙和灵芝，甚至留下的蝙蝠也变成了蓝色。但可追溯至道光末期的佛教纹样仍然保留了下来，金线卷草纹出现在过去吉祥纹样的位置。

图 12-1 咸丰时期七品文官的鸂鶒补子（缂丝）

图 12-2 咸丰时期御史的獬豸补子（纳纱）

去掉了象征财富、享福、升官的图案，在政治力量推动下，所有补子在外观上逐渐趋同。面对补子式样之间区别减少的情况，人们的一个应对方法就是让补子的工艺更丰富。一个人如果不能搞出别致式样让自己的补子看起来新颖，那么就会在工艺选用上下功夫，这样补子做出来就可以和别人的不一样，从而避免千篇一律、枯燥乏味。图 12-2 中的獬豸用纳纱工艺绣出，补子保留了水仙、灵芝，比之前的样品多了三只蝙蝠，使总数达到传统的五只，但只有两只蝙蝠为红色。小的象征财富的图案深嵌在海水中。

图 12-3 鹭鸶补子显示了对康熙朝的怀旧和复古，康熙朝常被认为开启了清朝的鼎盛时期。金线地子、边框的卷草纹及海水的形态，使这块补子和康熙晚期的补子外观相似。补子中五只蝙蝠均为红色。边框处小的寿字纹也强调了灵芝和水仙所表达的吉祥寓意。这块补子的女主人似乎期望回到清初的鼎盛时代。

图 12-4 雁补是补子式样趋同，而材料和工艺日益丰富多样的例证。这块补子用金线、丝线、孔雀羽线巧妙地混织而成。其材料的丰富华贵与式样的鲜有变化形成了鲜明的对比。和前面的例子一样，长寿寓意的灵芝和水仙图案也出现在这块补子上。佛教八宝则明显地表达了希求佛祖助佑的心态。

图 12-5 中的獬豸使用了和图 12-4 雁补同样的材料，也一样有着华贵和优雅的外观。和图 12-4 补子不一样的地方是边框。

图 12-6 命妇补子中肯定是一头狮子，因为头部有鬃毛，而且尾巴卷曲。由这一例子可知，武官补子也沿用和文官补子一样的路数，用多种华贵的材料来弥补式样上的单调。边框部分是这块补子唯一与前例不同的地方。

从图 12-7 孔雀补子中可看出有限度的创新。两只蝙蝠和花草一起被布置在了补子的两侧。金线地子让这块补子在光照之下闪闪发光。这块补子的立水使用了多种颜色，与飞禽的颜色相呼应；佛教图案被布置在了空中和水中。

图 12-3 咸丰时期六品文官命妇的鹭鸶补子（丝绣加打籽绣，钉金线地子）

图 12-4 咸丰时期四品文官的雁补（缂丝加钉金线及孔雀羽地子）

资料来源：乔恩·埃里克·里斯提供。

图 12-5　咸丰时期御史的獬豸补子（缂丝加钉金线及孔雀羽地子）

图 12-6　咸丰时期二品武官命妇的狮补（缂丝加钉金线及孔雀羽地子）

图 12-7　咸丰时期三品文官的孔雀补子（缂丝加钉金线地子）

图 12-8　咸丰时期九品文官的练雀补子（丝绣加打籽绣及钉金线地子）

图12-8练雀补子中的元素设计和图12-7的相呼应，不过增加了三只蝙蝠。金线地子、花草、立水都照搬了前一个例子中其余部分的配色。布满补子的打籽绣是这一时期在工艺方面的另一个创新点。

图12-9是图12-8练雀补子的工艺在武官补子上的运用。与图12-8补子一样，这块补子同样在各处使用了金线地子和打籽绣。补子上彪的颜色看起来昏暗，实际上它已经严重褪色。从背面看，这只彪起初有生动的紫色和橙色。这块补子是给武官在社交场合使用的。

图12-10和图12-11是用多样的材料和工艺弥补式样创新不足的另外两个案例。图12-10是为某位官员制作的獬豸补子，用纳纱制成。图12-11补子是为某位命妇制作的，用盘金线方法制成。除使用金线外，补子上的太阳还用缉米珠珊瑚制成。两块补子都在空中和海水中绘制了佛教图案。

太平天国运动在1851年爆发。至1853年时，太平军已经发展到五十万人的规模，并且占领了明朝的旧都南京。打下南京后不久，一支太平军开始了意在拿下北京的征讨。在一场非决定性的会战中，这支军队被一位蒙古将领用独到的战法击败。然而在接下来的两年里，清廷在军事上迟疑不决，南方省份被太平军占据，中央政府无法获得其资源财富。清廷显然认识到了事情的严重性，意图阻止起义的浪潮蔓延到全国。

除了国内的太平天国威胁，英法1860年发动了第二次鸦片战争。经过一番颇令人费解的外交操作，这两个外部势力对中国内战中自己曾经支持过的清廷发动了战争。尽管清军在和英法联军开战初期打了一些胜仗，但战争的结果是圆明园被毁，并且清政府缴纳了一笔战败赔款。

这些对清朝存续产生巨大威胁的危机，只引起了补子上的细微变化：在佛教图案之外加上了一些道教图案。显然，官员觉得佛祖并不能有效解决他们的困境，因此他们用上了道教神明的图案，祈盼得到天神助佑。发生这一变化的具体时间尚不能确定。

图12-9　咸丰时期六品武官的彪补（丝绣加打籽绣及钉金线地子）

图12-10　咸丰时期御史的獬豸补子（纳纱）

图 12-11　咸丰时期七品文官命妇的鸂鶒补子

说明：钉金线加缉米珠珊瑚拼成太阳。

图 12-12　同治时期四品文官命妇的雁补（缂丝）

在那个年代，这种情况的变化用了很多材料和工艺加以表现。当释、道图案在同一块补子上出现时，一般情况下佛教图案出现在水中，道教图案出现在空中。这种布置方法很少有例外。图 12-16 补子便是其中一例。

图 12-12 到图 12-18 表现了这种新的式样，其中有的使用缂丝工艺（图 12-12、图 12-13、图 12-14），有的使用纳纱工艺（图 12-15），有的使用钉金银线工艺（图 12-16）；其中还有黑白双线织锦补子，文官、武官补子都有（图 12-17 和图 12-18）。地子、蝙蝠、花草有细微的变化，但大体式样仍然保持原有形态。

同治帝初登大位的时候只有六岁，其母慈禧太后是摄政者之一。尽管没有官方史料证实，但当时流言蜚语不断，说慈禧太后怂恿其子纵欲声色。同治帝几乎没有参与国家的治理事务，关于他十八岁就驾崩的原因也是扑朔迷离。对于同治帝的死因众说纷纭，有的说死于性病，有的说死于天花，也有的说死于他母后的暗害，因为慈禧太后担心他成年后会谋求独立治国的权力。无论如何，同治帝本人在位期间基本上没去管补子的式样。

同治时期，补子的样貌发生了两个改变，其中一个是主要的，另一个是次要的。次要的变化是由于中国从欧洲进口了苯胺染料。相比之前的染料，苯胺染料能让颜色看起来更鲜艳。其中紫色的引进是欧洲染料对中国原有配色影响的一个具体例证，此外还使用了亮红色和亮绿色。图 12-19 展示了这三种染料的应用情况。这些染料是 1860 年代初期进口到中国的，图 12-19 补子则更晚一些。

同治时期补子的主要变化是由财政上的实用主义所驱动的。第二次鸦片战争后，由于失去了太平天国势力所控制省份的财政收入，再加上列强索要巨额战争赔款，清廷的财政岌岌可危。解决这个问题的一个办法是出售可以服用补子的官衔。这一举动对于补子的式样影响明显。花钱捐纳的人不想在花钱买到官衔后，再额外贴一笔钱去做新的官服。解决这个问题的办法是，把补子的地子和上面指示品级的飞禽分开制作。这样，当品级变动了，

图 12-13　同治时期一品武官的麒麟补子（缂丝）

图 12-14　同治时期九品文官的练雀补子（缂丝）

图 12-15　同治时期七品文官的鸂鶒补子（纳纱）

图 12-16　同治时期七品文官命妇的鸂鶒补子（钉金银线）

图 12-17　同治时期七品文官命妇的鸂鶒补子（二色缎）

图 12-18　同治时期三品武官的豹补（二色缎）

新"升迁"的官员只用从旧补子上裁去代表品级的标志动物，再买一只新的飞禽标记缝到原先用的补子上面。由于这些操作，这类补子被称作拼花补子。图 12-19 不仅展示了苯胺染料的运用，还显示了拼花工艺。

图 12-20 展示了一块只有地子没有禽兽标记的补子。图 12-21 至图 12-23 则是补子上缝缀了飞禽标记的样品。在这类补子中没有出现武官补子的实例，至于原因，笔者认为很简单：既然能买到文官的官衔配文官补子，又何必花钱去买地位更低的武官官衔？文武官员的地位差距在中国是个长期现象，到了这个时期可能更加明显。两次鸦片战争后，列强对华侵略加剧，非本土的思想及价值观的传播，尤其是基督教的传入引起了一股抵触一切外国事物的情绪。这一时期，排外情绪也逐步指向了统治中国的满洲人。由于军队由满人掌握，中国国内蔓延的民族情绪也使购买武官官职更加失去吸引力。

图 12-20 中的太阳是缝缀上去的。正常情况下，飞禽被缝缀到补子上之前，太阳是不会出现在地子上的，这样补子就可以男女通用。这很可能是由于曾经是块完整的补子，后来飞禽被故意或失手拆掉了。有一些证据显示，立水的颜色使用了苯胺染料。

图 12-21 补子不惜工本地使用了黄金（在蝙蝠上用得尤其多），显示了这一时期非常喜欢金灿闪烁的效果。补子的边框由极度抽象化的龙纹图案构成。

图 12-22 补子完全由金线覆盖，其他色彩是由将金线钉在地子上的密集彩色丝线形成的。这一工艺将这件作品和图 8-5 孔雀补子联系了起来。补子上平水的式样也借鉴自更早期的补子。19 世纪后期存在使用早期式样的倾向，即使这种倾向还没有形成普遍的潮流。至于出现这种现象的原因，可能是因为创造力枯竭，也可能是出于对过往盛世的怀念。

这一时期，使用多种材料和工艺的做法还在继续，同时堆绫工艺盛行。图 12-22 使用了金线，图 12-23 的佛教图案是用打籽绣工艺制作的。

图 12-19 光绪时期四品文官的雁补（缂丝加拼花）

图 12-20 同治时期带有日纹的空地子补子（缂丝加拼花）

图12-21　同治时期五品文官的白鹇补子（纳纱加拼花）

图12-22　同治时期二品文官的锦鸡补子（钉金线加拼花）

说明：可能是官商的命妇所用。

图 12-23　同治时期五品文官的白鹇补子（丝绣加拼花）

图 12-24　戊戌变法时期二品文官的锦鸡补子（纳纱）

太平天国运动1864年被镇压，因此其对光绪帝的统治影响并不大。在此之后，还有一场战争对光绪帝及其在位时期的补子产生了重大影响。1894年，中国同日本打了一场灾难性的战争，中国军队被击溃。如果败于西方军队令中国人感到羞耻的话，那么败于一个自己从前的朝贡国就更屈辱了。显然，第二次鸦片战争之后的那些年，中国谋求自强以抵御外国侵略的努力都化作徒劳。同样确定的是，中国必须进行比过去更彻底的社会改革才能取得成功。

光绪帝感受到了慈禧太后的保守，也明白慈禧背后有众多朝臣的支持。如果慈禧和她的基本盘保留不动，那么改革不可能进行。光绪帝在1898年开始了两项改革，试图解决这些问题。他开始对政府及科举制度进行大刀阔斧的改革，并且与军队统领密谋软禁慈禧。改革进行了大约一百天。在密谋对慈禧动手的前一天晚上，军队统领向慈禧的心腹出卖了光绪帝。

这些历史事件导致了对补子式样的两处明显改变。作为改革措施的一部分，光绪帝力图宣示节俭，要将资金用于兴业置产而不是花钱摆谱。因此他将补子上所有多余的内容去掉，以宣扬节俭。补子上的图案只剩下表示品级的禽兽、祥云及太阳。这项改革举措被推行到了文武官员的补子上。

图12-24是一块金线锦鸡补子，这块补子反映了光绪帝力推节俭之风。

图12-25显示了改革措施推行下仍然使用了多种材料和工艺，即使补子中只有鸂鶒图案。

图12-26是遵从改革要求的武官补子的一个例证。但使用钉金线方式制作的麒麟图案，与力求节俭的政策所要求的朴素补子的目标稍有背离。

一些补子值得特别注意，因为这些补子反映了官员似乎无法完全接受改革想要实现的要求。图12-27鹤补的云纹地子上加入了万字符、蝙蝠等图案，表达了对于万福的祈愿。

图 12-25　戊戌变法时期七品文官的鸂鶒补子（二色缎）

图 12-26　戊戌变法时期一品武官的麒麟补子

说明：用钉金线方法做出麒麟形状，地子用线绣装饰。

图 12-27 戊戌变法时期一品文官的鹤补（丝绣）

图 12-28 戊戌变法时期五品文官命妇的白鹇补子（丝绣）

本书已经在"补子的图像"一章中介绍过图12-28中的白鹇补子和图12-29中的狮补，两者皆是使用谐音吉祥纹样的例证（分别见图4-15和图4-28）。这些图案出现在这里，说明官员在打擦边球，对抗光绪帝禁抑奢华的举措，这让我们得以用正确的视角看待历史。

信奉道教的人并不羞于表现自己的审美旨趣，这点可见于图12-30獬豸补子。仔细观察可以发现，这只獬豸有两只角，可以推测这是因为制作补子时疏忽大意而弄错了。

拘禁光绪帝一事对于此后补子的样式产生了深刻影响。显然，在光绪帝被拘禁的情况下，官员即使僭犯中国社会长期以来固守的规矩（圆形象征太阳及天，是皇帝及宗室专享图形）也不会有人来管。尽管光绪帝看起来孤立无援，但理论上还是有权处死触怒他的官员。所以尽管理论上可以僭犯这一根深蒂固的传统，但人们还是谨慎行事，让自己不至于低估了光绪帝的厉害。僭用皇帝的图案在开始的时候颇为低调，具体可见于图12-31堆绫锦鸡补子。这块补子只是将小的花卉布置在四角位置，这样做并没有明显地改变补子的视觉外观。

这些改动没有引起大的反应，所以补子四角的花卉图案开始扩大，使补子中心区域略呈圆形。这种现象可见于图12-32堆绫白鹇补子。

到了这个过程的下一阶段，四角的面积继续扩大，这使补子中心区域显得更圆。这种变化可见于图12-33堆绫纳纱白鹇补子。

这一变化过程继续推进，此时四角的图案在补子上围成了一个清晰的圆形空间，这种变化可见于图12-34白鹇补子。

在这一过程的倒数第二阶段，补子中围成了一个清晰可辨、毫无争议的圆形空间，这一变化可见于图12-35孔雀补子。

到了最后，连假装保持过去正常补子传统形状的掩饰都不做了。图12-36鹤补使用的料子颇为奢靡，这么做或许掺杂了对皇权及改革举措的抵制。图12-37雁补显示了对苯胺染料的继续使用。图12-38展示了使用丝绣工艺

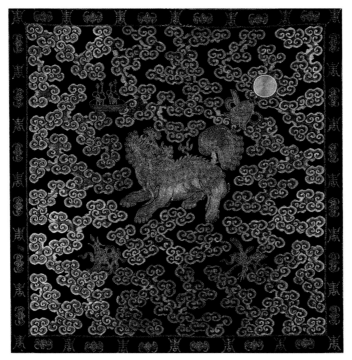

图12-29　戊戌变法时期二品武官的狮补

说明：用钉金线方法做出狮子，地子用丝绣装饰。

图12-30　戊戌变法时期御史的獬豸补子（缂丝）

图 12-31　光绪时期二品文官命妇的锦鸡补子（丝绣）

图 12-32　光绪时期五品文官的白鹇补子（丝绣）

图 12-33　光绪时期五品文官的白鹇补子（纳纱）

图 12-34　光绪时期五品文官的白鹇补子（缂丝）

图 12-35　光绪时期三品文官命妇的孔雀补子（纳纱加拼花）

图 12-36　光绪时期一品文官命妇的鹤补（缉米珠、珊瑚米珠及钉金线）

图 12-37　光绪时期四品文官命妇的雁补（纳纱加拼花）

图 12-38　光绪时期九品文官的练雀补子（丝绣）

图 12-39　光绪时期五品文官命妇的白鹇补子（纳纱）

的练雀补子。图12-39补子非常有趣，这是一个掺杂了矛盾态度的典型例子。朴素的式样显示了对光绪帝改革计划的支持，同时补子的圆形轮廓又表达了穿着者对于皇权的轻慢。

继承光绪帝皇位的是两岁的溥仪，其登基后成了宣统帝。他在位三年，直到辛亥革命爆发。

13 龙／蟒补与其他类型的补子

最后一章包括了一些不便纳入之前章节的各类杂项。无论如何，此章的任何知识对于研究、收藏补子都是有益的。

龙／蟒补

清朝宗室的爵位等级系统并没有准确而详尽的记载，以致有些可得的史料可能并不准确。册封宗室爵位的方法含糊未明，宗室受封的爵位等级与其本人同皇帝的亲缘情况似乎没有固定的关联。人们常能读到宗室成员晋封、降黜或因罪革除宗籍。那些有望将来角逐皇位的皇子，封爵一般看来不会低于贝勒，晋封亲王、郡王则取决于个人表现。一般来说，皇子都在成年后晋封为亲王。

作为天潢之胄的宗室，被封为从亲王到不入八分辅国公八个最高等级的爵位。在这之外，封号就产生了变化。第九级到第十二级的宗室作为天潢懿亲，[1] 被封为镇国将军到奉恩将军。有趣的是，第九级到第十一级的宗室爵位，每级之中又分三等。在宗室将军类爵位中，最高等级被封为一等镇国将军，最低等级则被封为三等奉国将军。第十二级爵位只有一等，因此称呼时不会提及等秩。这种情况与文武官员的品级设置相仿，文武官员品级中，前八品也都分正品与从品。

此外清代还有一个非宗室的爵位系统，其中人士也被称为贵族。这套贵族系统包括公、侯、伯、子、男。这类爵位主要封给有成就的武官。多年来，传承世爵的做法多有不同。有些情况下，爵位可以被承袭，但每代袭爵递降一等。另有一些情形，爵位不能传于后人。

现在我们来研究一下各种类型的龙纹，以及这些龙纹如何在明代、清代被划分出等级。中国的龙与欧洲同类对比鲜明：中国的龙能降水，而非燃火；它们与人为善，而非贪得无厌；它们造雨滋养土地，绝不横行乡里或者劫掠少女。龙被当作一种杂糅动物，有鹿角、驼头、龟眼、蛇颈、蜃腹、鱼鳞、鹰爪、虎掌、牛耳。因此，龙与九种动物相似，而九为吉数。

如本书第4章所说，补子的形状是地位等级的重要标志，圆形与太阳和天上之事相关，同时方形与凡间及地上之事相关。凡是圆补上的龙，都高于方补上的龙。龙的爪数同样标志着等级。有五爪称为"龙"者，高于有四爪称为"蟒"者。体态是划分龙等级高低的第三个指标，正龙高于行龙。因此，图13-1中的龙对应的是等级体系中的最高级。

正面向的四爪蟒是等级系统里的第二级（图13-2）。再次是五爪侧向的龙，又被称为行龙，[2] 图13-3是它的示例。四爪行蟒的等级则再次之。

讲完圆形龙补，我们必须再回来探讨各种走兽的宗室补子。

---

1 "天潢之胄"与"天潢懿亲"为清代文献中用以形容皇室宗亲的称谓，没有严格的血统界定，作者这里是按照封爵将皇亲分类的，与我们惯用按照血缘分类的"宗室""觉罗"有别，故从此译。——译者注
2 按照《大清会典》正蟒是第三等，行龙才是第二等。——译者注

图 13-1　乾隆时期最高等的龙补（丝绣）

说明：团形，五爪正龙。

图 13-2　雍正时期次等团龙补（缂丝）

说明：四爪正蟒。[1]

资料来源：臧诺提供。

1　四爪正蟒补和最高级的五爪正龙补中间还有五爪行龙补。——译者注

图 13-3　道光时期第三等团龙补（钉金线加丝绣）

说明：团形，五爪行龙。

图 13-4　乾隆时期镇国将军带万寿篆文麒麟团补（缂丝）

现存的天潢懿亲补子的样品极少，这些补子能和武官的补子区别开来，是因为它们和诸多宗室的补子一样，是圆形的，还有万寿篆文。笔者所见的这类补子仅一孤例，见图 13-4。麒麟用在镇国将军的补子上，且无法显示镇国将军的等第。

龙纹的尊卑等级序列同样出现在方补上。在清代，五爪龙限高级宗室成员及皇帝特别恩赏者使用的规矩被普遍漠视，所以很难找到清代的四爪蟒。贵族穿用正龙方补，行龙方补非常稀有。五爪龙的方补可见于图 13-5。

图 13-6 这块蟒补或可呈现找到清代四爪蟒的困难程度。此四爪蟒最初被制成五爪，但在一道意在禁除僭用五爪龙的敕令后又被改动了。该补子的细节处显示了僭用五爪龙未被彻底抹去的细微残痕（图 13-7），那违制的一趾爪还有一缕金线残存。

图 13-8 中是一条难得见到，但又合乎制度的四爪蟒。

在龙纹的等级体系中，有一些特殊的符号和设计，将有些龙纹与同时代其他龙纹区别开来。在龙补上使用万寿篆文，表示此补子是为高级宗室制作。1759 年宫廷冠服制度[1] 修成之前，万寿篆文为皇帝（可能还包括太子）专用。图 13-9 可见雍正时期带万寿篆文的龙补。

1759 年后，皇帝衮服的团龙上开始出现皇权十二章的内容。日章在衮服左肩团龙上，月章在右肩团龙上，三星章在前身团龙上，山章在后背团龙上。这类褂子前胸后背的团龙可见于图 13-10。不同衮服肩部的单个团龙可见于图 13-11 和图 13-12。请注意图 13-11 中的龙身是向观者右侧弯曲的，以及图 13-12 中的龙向左侧弯曲。这么布置，可以使衮服上身时两肩的龙身都向后弯曲，保持对称的状态。一般来说，只有右肩或者右侧下摆的行龙才向左弯。

1　作者指的应该是《皇朝礼器图式》。——译者注

图13-5 道光时期某位宗室所用的五爪正龙(纳纱地钉金线龙纹)

资料来源: 臧诺提供。

图13-6 戊戌变法时期某位宗室所用的四爪(本为五爪)蟒补(钉金线加丝绣)

图13-7 图13-6 的细节

说明: 可见到或许是依敕谕被拆去的第五趾爪的痕迹。

图13-8　光绪时期宗室的四爪蟒（钉金线加丝绣）

图13-9　雍正时期皇帝或亲王加万寿篆文的五爪团龙（丝绣）

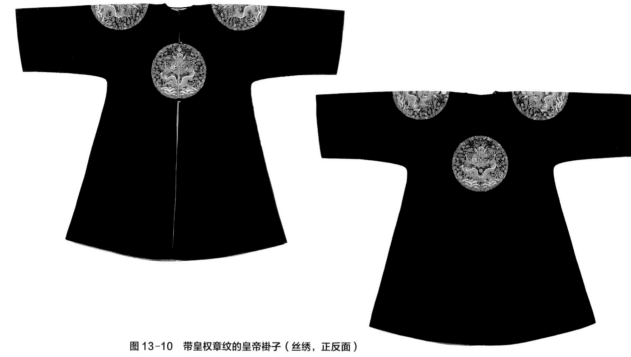

图 13-10 带皇权章纹的皇帝褂子（丝绣，正反面）

资料来源：德里克·林拍摄，贺祈思提供。

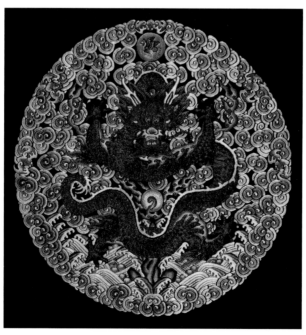

图 13-11 道光时期带日章皇帝褂子左肩的团龙补（钉金线加丝绣）

资料来源：臧诺提供。

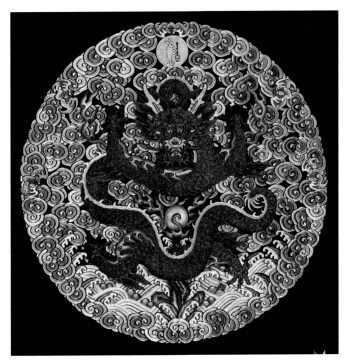

图 13-12 道光时期带月章的皇帝褂子右肩团龙补（钉金线加丝绣）

资料来源：臧诺提供。

图 13-13 道光时期带万寿篆文的亲王褂子左肩团龙补（缂丝）

资料来源：臧诺提供。

龙补还有两种方法表示其为特定人群所使用。自 1759 年修订宫廷礼制之后，亲王开始使用之前提到的万寿篆文。图 13-13 可见一件亲王褂子上的肩补。尽管是行龙，此肩补行龙的弯曲体态与图 13-11 和图 13-12 中的龙是相同的。

特殊龙纹的第二个特点是龙握的智珠，珠子一般象征龙对品格的追求。只有皇帝及其最显赫的亲属能使用持珠的龙纹，以表示这些人具备真正的品格。图 13-13 中的行龙攥着一颗珠子，图 13-14 中右肩的五爪龙也抓着一颗珠子。

图 13-15 展示了一个明代同类题材的样品。此明代例子展示了一个更高级的明代正龙。

有一些不及龙和蟒重要的异种的龙也在明清两代被使用。为了标定等级尊卑，明代设置有两种特殊的龙：飞鱼和斗牛（图 13-16 和图 13-17）。飞鱼为一种鱼尾有翼的龙。斗牛则是角扭向自身鼻子的龙。这两种异形的龙只在明代的补子中出现过。

清代也有异形龙。这种异形龙来源于一个流传已久的传统，虽然这种做法几乎没有被记载，但是作为可知储君的明确继承人，皇位的第二顺位继承者是被钦定的皇孙。由资料可知，这是当时只有一人享有的正式封号。很明显这不只是靠其人和皇帝的血缘关系，因为皇帝的皇孙众多。尽管这个封号由来已久，但只有清代为这一类特殊人物设计了补子，而清代对此物的使用也仅限于 19 世纪。绵宁，也就是后来的道光帝，可能是能用上这种补子的唯一人选。因为学界对此封号研究不多，这类补子用得也少，目前被辨识出来的这类补子只有两块。其中一个这样的补子为寿字篆文[1]缠绕两条幼龙。独角、无鳞片、小爪而非大爪以及尾巴分叉等特征可辨认出其为幼龙。图 13-18 即这种极其稀少的补子。

1　与之前的万寿篆文不同，这里不带万字符。——译者注

图13-14 道光时期皇帝的持珠行龙补（丝绣加钉金线龙纹）

图13-15 明代皇帝的正面五爪尺珠金龙补（丝绣）

资料来源：德里克·林拍摄，贺祈思提供。

图13-16　明代异形带鱼尾名为"飞鱼"的龙补（缂丝）

资料来源：德里克·林拍摄，贺祈思提供。

图13-17　明代异形双角下弯名为"斗牛"的龙补（织锦）

资料来源：德里克·林拍摄，贺祈思提供。

图 13-18 19 世纪极为稀有的皇太孙补子（钉金线寿字篆文加丝绣）

图 13-19 19 世纪带有寿字纹和幼龙补子的皇太孙福晋
长袍（金线丝绣）

资料来源：德里克·林拍摄，贺祈思提供。

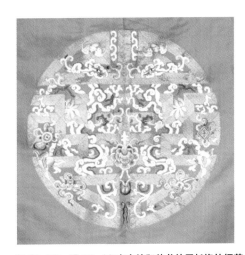

图 13-20 图 13-19 寿字纹和幼龙补子长袍的细节

资料来源：德里克·林拍摄，贺祈思提供。

笔者在为这本书寻找图片的过程中发现了一件有趣的褂子，它可能是为皇太孙的福晋缝制的。据我所知，没有任何关于这位皇太孙福晋的记载，但图 13-19 中的袍子暗示了她的存在。这件袍子的蓝绿色是清朝高品级命妇所使用的颜色。圆形补子应该是皇太孙补子对应的配偶所用。图 13-20 是褂子上的圆形图案。

这块圆补具备皇太孙补子的多数特征：龙角根部为独束，但在末端分叉，龙身无鳞片，尾巴分叉，爪子为小爪。无论如何，这件褂子是一件有趣的东西，提供了皇太孙补子存在的实例。

帝制结束后的补子

民国补子

也许有理由认为补子在辛亥革命后已经变得无足轻重了。事实上，情况并非如此，原因有二：革命后的中国政治和旅游者。

袁世凯借着拥有全中国最训练有素、装备精良的军队，成为当时权势赫赫的人物。袁军驻扎在北京近郊，这成为当时他政治算计的重要砝码。尽管孙中山当选中华民国临时大总统，袁世凯还是能通过操弄手腕，让自己当选为第一任中华民国正式大总统。在巩固了自己的政治地位后，袁世凯犯了一个严重的政治错误，自封为中国的新皇帝，年号洪宪。称帝后，他打算恢复一些皇朝的补子。他计划为自己设计一种补子，这种补子上有 1759 年颁布的清代冠服制度中皇帝便服[1]上的皇权十二章纹。他还为政府官员设计了品官的补子，这些官员补子上的章纹比皇帝的十二章要少。补子上章纹的数量可以表明穿着官员的品级。

---

1 作者此观点有误，《皇朝礼器图式》中，皇权十二章出现在朝服上、吉服上，但不会出现在便服上。——译者注

袁世凯谋求恢复帝制，疏远了他的支持者。各省纷纷起义，他不久就去世了。他打算当作自己朝廷声威新象征的这些补子存留了下来，被称为"民国补"。官方描述规定的品官补子上章纹的数量，与现实中的样品并不一致。因此，笔者将只关注目前可得的样品。

如袁世凯所期待的那样，这批为他制作的补子品质精良。这些补子综合了缉珊瑚米珠、缉米珠、金线绣等工艺。笔者在研究和收藏补子的近三十年里，仅见过一对这类补子。这对中的其中一块可见于图13-21。这块补子中的红色部分，大部分是由缉红珊瑚米珠制成的，只有龙的舌头和华虫的喙部由丝线绣成。月、星辰、粉米皆由缉米珠工艺表现，龙显然是金线钉成的。此外，补子内的大部分丝绣图案都采用了打籽绣工艺。很难想象还有同类补子能用上更奢华的材料和工艺。

可以想到，袁世凯统治下的中华民国作为一个短命且不得人心的政权，民国时期补子的情况也没有被详细记载。用官方材料只能识别带十二章和九章的补子，但还有其他形式的民国补子存在。这些补子共用一套布局，这并不出人意料，因为这些补子原本只供特定朝官使用。制作这些补子的商铺可能位于北京。不同的补子制作的工艺水平参差不齐，工艺水准取决于定制主顾的财力，只有带十二章的补子是高质量的。

图13-22是一个十章补子的实例，不带日章和月章。这是一种存在，却没有被记载的补子。

九章的补子可能是给新成立的帝国政权的尚书穿用的。服用补子官员的具体官职目前还不能确定。图13-23可见其中一例。

图13-24和图13-25可见七章的补子。由图13-24可知，有的补子从中间被分为两片，用在了满式的对襟褂子上，就像清代的补子那样。图13-25是一个质量更好的七章补子实例。

图13-26和图13-27提供了五章及三章补子的实例。这两种补子均不见于记载。表13-1总结了不同等级的人补子上的章纹。

图 13-21　民国时期十二章民国补（钉金线龙加缉米珠、缉珊瑚米珠）

资料来源：德里克·林拍摄，贺祈思提供。

图 13-22　民国时期十章民国补（丝绣）

图 13-23　民国时期九章民国补（丝绣）

资料来源：德里克·林拍摄，贺祈思提供。

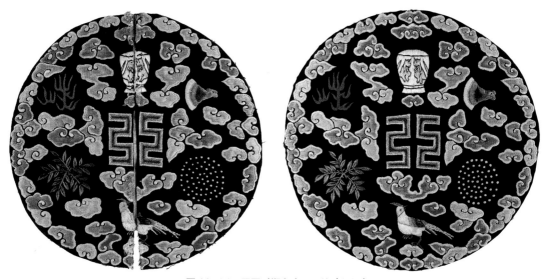

图 13-24　民国时期七章民国补（丝绣）

图 13-25　民国时期七章民国补（丝绣）

资料来源：臧诺提供。

图 13-26　民国时期五章民国补（丝绣）

资料来源：臧诺提供。

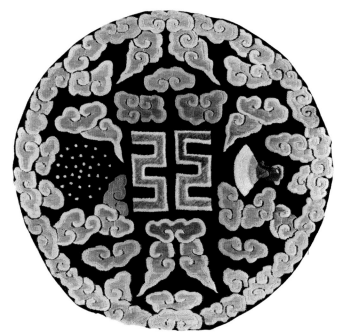

图 13-27　民国时期三章民国补（丝绣）

资料来源：臧诺提供。

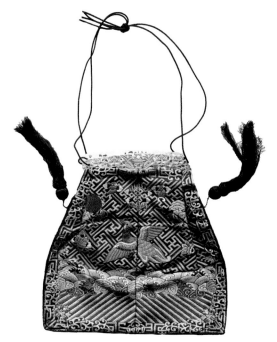

图 13-28　民国时期由鹭鸶补子改制成的旅游纪念品提包（1911 年之后）

资料来源：德里克·林拍摄，贺祈思提供。

表 13-1　民国补子用章情况

章纹	十二章补子	十章补子	九章补子	七章补子	五章补子	三章补子
日	√					
月	√					
星辰	√	√				
山	√	√	√			
龙	√	√	√			
火	√	√		√		
华虫	√	√	√	√		
宗彝	√	√	√	√	√	
藻	√	√	√	√	√	
粉米	√	√	√	√		√
黼	√	√	√	√	√	√
黻	√	√	√	√	√	√

显然，为新的帝国官制拟定的品级体系的实际情况，比文献记载的要完备得多。如前所说，由于对复辟帝制的反抗遍及各地，这一体系的施行时间非常短暂。

旅游纪念品补子

补子没有完全消失的第二个原因，在于其对旅游者具有吸引力。由于在新的政府中，补子失去了明确官员品级的价值，这些补子因为稀有难得、手艺精湛及用料奢华，被当作装饰性纺织品卖掉了。这些补子或是被装入镜框，放在玻璃下的托板里，或是被做成提包。把成对补子做成提包的最常用办法，是将补子的底边缝起来，再在上方装上简单的塑料提手，不过图13-28品官补子改成的提包并不是按照这种方法制作的。

显然，做这种废补子的生意非常赚钱，以致当存世的补子用完后，民国时期还专门制作了供应旅游生意的补子。这些作为旅游纪念品的补子观感和审美都非常独特。图13-29便是其中之一。为了简化之前把成对旅游纪念品补子改造成提包的过程，这些补子做出来的时候，底边是连着的，这样就不

图 13-29 民国时期制作的赝品补子（1911
年后，丝线及金线）

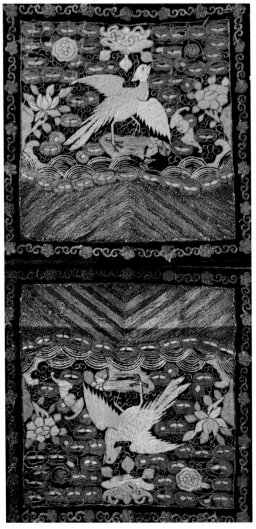

图 13-30 民国时期底边连接以便于制成提包
的赝品补子（1911 年后）

用特别缝合在一起了。真正的品官补子会被做成分开的两片，补子两片之间有数英寸长的中缝，这样能使补褂中间开襟，褂子里面就可以穿其他衣服。因此，如果读者看到两片补子被制成底边相连、补子之间没有开缝的样式，那么无疑这是一对专为生产提包制作的旅游纪念品补子。图 13-30 便是其中一例。

年节补子

由于不是汉人，蒙元的统治者不过中国传统节日，而是私下过自己民族的传统节日，这成为汉人抗拒非汉族统治的原因之一。因此，过节成了怀恋故国的象征。此后，明朝建立，这是自 907 年契丹人在中国北方建立辽后汉人再次得到中国全境的统治权。元代被压制的民族感情此时可以公开展示。作为传统节庆的一部分，某些节日的特定图案被整合进了常规品级补子中，以便在过节时穿戴。还有一些特别的节日补子没有品级标识。1644 年清军入关后，公开庆祝传统节日的活动终止了。明面上，这是由于满洲人注重实际、崇尚节俭、排斥此类浮靡之事。由于明清两朝的这种不同，传统节日补子的实例仅存在于明朝。人们偶尔会看到粗糙的清代年节补子，但拙劣的做工表明，这些补子要么是为孩童制作的，要么是那些力图在没有官方支持情况下，仍要维持旧有传统的人私下制作的。

元宵节

春节是一年中的第一个节日，它始于农历正月，持续十五天，在正月十五日元宵节那天结束。中国有些地区，家人在元宵节当天聚餐；舞狮也是元宵节的庆祝活动之一。过节时，出嫁的女儿会回家省亲，作为一家之主的父亲及长子会在家中祭祖，彩灯会装点街面。倘若前一年生育了一名男丁，这家人就会在祠堂里挂上一盏天灯，因为"天灯"与"添丁"谐音。元宵节的补子见图13-31。

端午节

和大多数节日一样，这一节日也有各种故事来讲述它的来源。有人说端午节是祭奠一位因为刚正不阿被罢黜、愤而自尽的正直大夫。在这个故事中，他决心投江自尽。当地百姓想要救他，但连他的遗体也没找到。于是百姓将米饭团子抛掷到江里，让鱼不去吃他的尸体。

还有一个与之不同的说法，说是端午节（农历五月初五）在盛夏之际，瘟病闹得最凶，于是人们祈求西方白虎保护自己免于灾殃。人们用"五毒"象征可能降在自己身上的鬼祟，五毒常用蛇、三足蟾、蝎、有翅蜈蚣、壁虎来代表。有时候蜘蛛会代替五种毒物中的某一种。有时候五毒会和西方白虎一样被看成百姓的保护者，被当成吉祥符号。

年节补子和官品补子类似，前身补子中分，后背补子整块不分割。虽然后背补子有部分遗失，但是这些补子具备了明代补子的整体特征。图13-32端午节的前身补子似乎漏了壁虎，但是图13-33后背补子表现了五毒。

源于民间故事的节日

农历七月初七，中国人要过魁星节。尽管各种史料记载的细节各有差异，但所有关于这一节日的传说都与一位仙女和一位牛郎有关，此二人痴情相爱，以至于各自都擅离职守。二人受了罚，成了天上两处彼此分离的星宿。每到农历七月初七，中国人认为象征喜庆和姻缘的喜鹊会搭一座桥，使这对有情人团聚一夜。

图13-34展示了一对有情人、一座实体的桥，以及为有情人搭桥使之一夜相聚的喜鹊。补子的背面见图13-35，出现了西王母。在某个故事版本中，是西王母惩处了这对有情人，让二人分离。

图13-31 宗室元宵节补子

说明：值得注意的是，在此圆补中的双龙，每条龙都抓着一颗珠子。

资料来源：德里克·林拍摄，贺祈思提供。

图13-32 明代端午节正面补子

说明：西方神虎降伏五毒。

资料来源：德里克·林拍摄，贺祈思提供。

图13-33　明代端午节背面补子

图13-34　明代魁星节正面补子

说明：喜鹊搭桥使有情人重聚。

资料来源：德里克·林拍摄，贺祈思提供。

图 13-35　明代魁星节背面补子

图 13-36　神乐署署员葵花方襕（约 1850 年）

资料来源：大都会艺术博物馆提供。

吉礼补子

神乐署

自清廷 1759 年最终修订冠服制度后，包括重要节庆中负责乐舞的"舞生"在内的神乐署，其成员皆要服用图 13-36 这种销金葵花方襴。在方襴[1]中，葵花代替了标识品级的禽兽，但留有品级补子的特征性元素：海水、江崖、祥云、瑞草。此块方襴中还含有佛教元素。

乐部及乐工

据 1391 年颁行的明代冠服制度[2]，类似其他的对禽补子，黄鹂补子标识八品和九品的文官。自明朝 1527 年修订典章[3]后，黄鹂只用以标识八品文官。1652 年清廷颁行冠服制度[4]后，黄鹂被从标识官品的飞禽序列中剔除。自此之后，黄鹂补子由乐部官员和乐工服用。就笔者所知，目前只有三块黄鹂补子存世，一块收藏于大都会艺术博物馆，一块由贺祈思收藏，还有一块由笔者收藏。这三块补子式样基本相同。在清代，服用这类补子的人均住在京师，京师之中所有的黄鹂补子可能都是由少数几家商号制作的——甚至是同一家商号，这似乎可以解释上述现象。此外，乐工是集体演出，大家会有一致的扮相，因此也不会修改黄鹂补子的样式。现存的三块黄鹂补子都具有雍正时期的特征。三块稀有补子中的一块，可见于图 13-37。

亲耕大典

每年皇帝都会率重臣礼拜神明祈求丰收，一起在特定的耤田上犁过一行，以昭示即便是皇帝和群臣也要仰赖先农神之助佑。皇帝身边协助亲耕的官员服

1　原文称补子（badge），但在《大清会典》中称方襴。——译者注
2　可能是《大明集礼》。——译者注
3　可能是《大明会典》。——译者注
4　可能是顺治《大清会典》。——译者注

图 13-37　极稀有的黄鹂补子（缂丝）

说明：年代不确定，雍正时期风格。

图 13-38　亲耕大典中"从耕者"的补子（彩线地子绣金线）

用一种特殊的补子，补子内有三山，三山上有祥云，祥云中有太阳。图 13-38
是一块晚清的亲耕补子。服用这种补子的人被称为"从耕者"。

特殊的补子

耆宿补子

皇帝可以通过特别的补子识别出那些年过六旬的耆宿。图 13-39 前身补
子和与之成套的图 13-40 后背补子，内有"寿"字纹样，是耆宿补子的代表。
这种补子并不代表任何权位，只能标识身份。

寿辰补子

中国人的寿辰补子常被错当成官补。在此举图 13-41 为例，以避免读者
误购此类补子。寿辰补子中间的圆环之内常有凤凰，补子中没有太阳，花卉
取代了设置在官补上方及两侧的祥云。本质上讲，收藏寿辰补子并没有什么
问题，只要读者知道自己收藏的东西是什么。

中国之外的品官补子

明清中国有很多朝贡国，这种朝贡往来的商贸成分要大于政治成分，但
这层关系确实有助于将中国文化传播到太平洋沿岸诸国。这些国家中的朝鲜
和越南两国采用了修改过的中国官阶制度，并且采用补子标识官员的品级。
以下是示例。

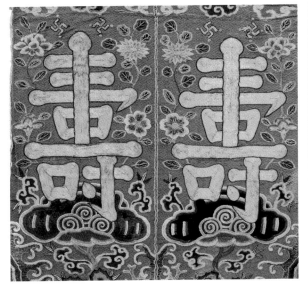

图 13-39　耆宿正面补子

说明：赐给得天眷顾活过六旬的人。

资料来源：德里克·林拍摄，贺祈思提供。

图 13-40　耆宿背面补子

图 13-41　寿辰补子（丝绣）

资料来源：德里克·林拍摄，贺祈思提供。

朝鲜

虽然朝鲜的补子来自中国的补子系统，并大体遵循，但近来可见的大多数朝鲜补子出自李朝晚期。这一时期文职和武职两套体系内都只有两种补子，大致相当于中国一至四品的文职高官用的双鹤补子，还有低阶官员用的单鹤补子。这些补子可见于图13-42和图13-43。值得注意的是，鹤嘴总衔有灵芝。武官补子系统与文官相仿，只是用豹代替了鹤。朝鲜高阶武官和低阶武官补子的实例可见于图13-44和图13-45。

越南

越南有和中国相同的补子系统。笔者在越南只见过武官补子，图13-46是其中一例。值得注意的是，与中国将太阳放在补子上方一角不同，越南的补子将其放在补子的正上方，且在正当中有一汉字"日"。半弧的海水上缘被水泡覆盖。堆绫地子的补子非常常见，但也并非所有补子都如此。

赝品补子

笔者与夫人第一次去香港的时候，发现每家中国百货商店都有成堆的新造"官补"在出售。这些补子大多堆在地上或者低层货架上，每块售价25美元。它们大多数是在拙劣地仿造道光时期的补子，其做工粗糙、设色离谱，且偏离了真的道光时期补子的式样。甚至还有大批的海马补子和犀牛补子，而这样的补子在现实中尚未被发现。通常补子中的犀牛会被画成公牛样貌。这样的补子还在拍卖网站出现过，因此了解这类补子的样式还是有价值的。这些补子的示例可见于图13-47至图13-50。

图13-47据说是一块白鹇补子。如果与本书第11章（图11-6和图11-11）的白鹇补子对比，几处细节有助于辨认这类赝品。多色的尾羽、祥云粗糙的做工和错误的布局，这些都显示了这块补子的种种缺陷。

图 13-42　朝鲜李朝高阶文官补子（丝绣）

资料来源：乔恩·埃里克·里斯提供。

图 13-43　朝鲜李朝低阶文官补子（丝绣）

资料来源：乔恩·埃里克·里斯提供。

图13-44　朝鲜李朝高阶武官补子（丝绣）

资料来源：乔恩·埃里克·里斯提供。

图13-45　朝鲜李朝低阶武官补子（丝绣）

资料来源：乔恩·埃里克·里斯提供。

图 13-46　越南的官补

图 13-47　赝品白鹇补子

图 13-48　赝品麒麟补子

图 13-49　赝品海马补子

图 13-50　高仿白鹇补子（丝
线绣加金线地子）

图 13-48 被当成麒麟补子。同样，这件补子与本书第 11 章介绍的真的麒麟补子存在差异，很容易被分辨出来。

图 13-49 是块海马补子仿制品。很难将这块补子和真的海马补子进行比对，因为后者似乎已经没有存世品了。但是，对比本书中其他道光时期补子的实例，很容易就能找出这块补子和真品补子样式之间的差异。注意海水的式样、祥云的布局以及道光时期的象征纹样——一树九桃、水仙、牡丹、灵芝。用图 3-26 至图 3-30 的实例，推测海马补子可能的样子，可以辅助这一鉴定过程。

这里提醒读者一句：在过去几年中，造假者变得比以往更加老练。各个时期（甚至包括康熙时期）可以假乱真的赝品补子做工精良，在各拍卖网站上都可以见到。近年生产的仿品补子越来越难以辨别，其中一部分使用了金线地和孔雀羽。图 13-50 是一块笔者 2017 年买入的赝品补子。笔者无意点出自己如何识破这一赝品，因为造假者也会看书，笔者不想让他们的勾当干起来更容易。

只有两个做法能保护读者免于这类高仿赝品补子的欺骗。第一是仔细学习这本书，熟知那些纹样元素能够组合出现的情况，以及不会组合出现的情况。这些知识对避免犯错至关重要。细微的矛盾之处可能很重要。第二是熟悉已出版书籍中的补子。为了避免在式样上犯错，造假者有时会精确地复制展示在公众面前的补子。读者能用肉眼辨认的补子越多，不经意中买入赝品的概率就越小。

译后记

　　大卫·哈古斯博士撰写的《补子：明清时期的品级标识》一书将由社会科学文献出版社付梓，作为国内引进的首部专题探讨补子的著作，本书的出版对明清丝织品研究有着积极意义。中国的官服补子作为一种鲜明的文化符号，在国际收藏品市场上一直占有一席之地，而作者本人就是一位热衷于中国织绣收藏的美国学者。

　　作者本人并非历史或纺织专业出身，所以他的著述更多地站在藏家的角度，对官服补子进行描述和鉴别。作为一种流行于整个明清时期的织绣品，补子既代表了佩饰人员的身份、地位，也浓缩了明清中国几百年的官场文化。本书中描述了很多有趣的现象，例如改变品级动物的形态以冒充更高品级的补子，改变补子的形状以僭越皇家制度等。在这一层面上，补子不仅仅是一件服装配饰，也蕴含了中国官员对于身份、地位关系的深层次认知。

　　作为一种没有明确流传谱系和确切文字描述的收藏品，补子的断代和鉴别需要建立在大量实践基础之上，作者显然在这方面做了很多工作。本书中，作者将清代官员补子按照时间顺序进行了排列，并总结了每个时期官员补子的重要特征。这种顺序也许有不够精确的地方，但为后续研究工作提供了坚实的基础。

全书内容大致分为两个部分：一部分是作者对补子本身的考察，另一部分则是通过这种收藏品对中国文化的认知。在对补子本身的考察中，作者除了材料和工艺上的描述，更多地运用了图像学的考察方式，着重于补子的构图形式及图中要素在每个时代的演变过程。这种对于图像的总结需要作者占有大量图像实例，并对其进行分类。因为既有研究成果不多，这种分类和重新构建具有一定的开创性，对于这类丝织品的收藏和鉴赏也有很大的参考价值。

对于中国文化的认知，作者有着鲜明的"美国特点"，即从一个国外的中国文化爱好者的角度，书写对中国文化的认知。这种他者的角度与国内学者截然不同，所以认知中可能存在某种偏颇和误解，但除了明显的知识性错误，我们在翻译时对于作者的表述都予以保留。希望读者借此了解国外收藏家及中国文化爱好者如何理解和阐释我国的传统文化。

本部著作的导论至第 9 章为王敬雅翻译；第 10 章至第 13 章为仇泰格翻译。翻译的过程中，我们对一些英语词语进行了中国化表述，例如将"wealth symbols"翻译为"杂宝"，将"deep-water"翻译为"立水"等。如果专业词选用出现误差，希望读者不吝赐教。本书中由于翻译人员学术水平不足而造成的错误，均由我二人承担。

王敬雅

2023 年春于昌平

图书在版编目(CIP)数据

补子：明清时期的品级标识/(美)大卫·哈古斯
(David Hugus)著；王敬雅，仇泰格译. -- 北京：社
会科学文献出版社，2023.7（2024.1重印）
（启微）
书名原文：Chinese Rank Badges: Symbols of
Power, Wealth, and Intellect in the Ming and Qing
Dynasties
ISBN 978-7-5228-1684-5

Ⅰ. ①补… Ⅱ. ①大… ②王… ③仇… Ⅲ. ①官制－
服饰－标识－中国－明清时代 Ⅳ. ①D691.42

中国国家版本馆CIP数据核字（2023）第069846号

·启微·

补子
——明清时期的品级标识

著　　者 / 〔美〕大卫·哈古斯（David Hugus）
译　　者 / 王敬雅　仇泰格

出 版 人 / 冀祥德
责任编辑 / 李期耀
文稿编辑 / 谭紫倩
责任印制 / 王京美

出　　版 / 社会科学文献出版社·历史学分社（010）59367256
　　　　　 地址：北京市北三环中路甲29号院华龙大厦　邮编：100029
　　　　　 网址：www.ssap.com.cn
发　　行 / 社会科学文献出版社（010）59367028
印　　装 / 南京爱德印刷有限公司

规　　格 / 开　本：787mm×1092mm 1/16
　　　　　 印　张：17.25　字　数：240千字
版　　次 / 2023年7月第1版　2024年1月第3次印刷
书　　号 / ISBN 978-7-5228-1684-5
著作权合同
登 记 号 / 图字01-2023-0612号
定　　价 / 298.00元

读者服务电话：4008918866